1938 年、高等試験司法科に合格した頃。
(『追想のひと三淵嘉子』より転載)

1960年、東京地方裁判所の法廷にて。
(©三淵邸・甘柑荘／アマナイメージズ)

1963年、三淵乾太郎とともに孫を抱いて。
(園藤美奈さん提供)

1966年、東京家庭裁判所の前で。
(©三淵邸・甘柑荘/アマナイメージズ)

1967年頃、三次に娘と孫を訪ねる。
(©三淵邸・甘柑荘/アマナイメージズ)

1972年、新潟家庭裁判所の所長室にて。
(©三淵邸・甘柑荘/アマナイメージズ)

1978 年頃、横浜家庭裁判所所長宿舎の庭で、孫たちとバレーボール。
(園藤美奈さん提供)

1979 年、退官の日に、横浜家庭裁判所の前で。
(©三淵邸・甘柑荘／アマナイメージズ)

三淵嘉子

先駆者であり続けた女性法曹の物語

神野 潔
Kiyoshi Jinno

日本能率協会マネジメントセンター

はしがき

本書は、日本における初の女性弁護士であり、初の女性判事であり、初の女性裁判所長となった三淵嘉子《みぶちよしこ》（一九一四—一九八四）の評伝です。その人生の前半をたどった第1章、後半生をまとめた第2章、そして、嘉子と深く関わりを持ったり、嘉子に影響を与えたりした人物をわずかながら選んで紹介する第3章から成っています。

嘉子は、女性差別がまだ激しかった昭和前期に、苦労して道を切り拓いて弁護士となりました。戦後、日本国憲法ができ、男女平等が社会の基本理念として掲げられるようになっても、女性に対する差別や決めつけは、社会的になお根深いものがありましたが、嘉子はその中で判事、裁判所長と歩みを続けていきました。その人生は力強く、一方で自然体でもありました。

このような、嘉子の（苦労も多く、しかし）魅力的な人生を、本書を通して、嘉子と一緒に生きてみていただけたらと思います。本書は、女性法曹の「パイオニア」の人生を追ったものですが、読者の皆さんにはぜひ、どんな分野・世界にもそれぞれの「パイオニア」がいること、そしてその「パイオニア」たちと、後に続いた人たちの努力と苦労とによって、今のその分野・世界があるのだということに、思いを馳せていただきたいと考えています。

私は史料を用いて日本の法・制度・社会を歴史的に研究する、日本法制史を専門としています。ですが、これまで嘉子について深く研究してきたというわけではなく（『人権のひろば』という雑誌に、嘉子についての短い文章を書かせていただいたことはあります）、また近・現代法制史の分野での業績が多いというわけでもありません。この本は、私自身一から勉強しながら書き上げたもので、その内容の多くは「参考文献」に掲げた先行研究（つまり「パイオニア」の先生方の業績）に依拠しています。本書の内容に優れた点があるとすれば、それは先行研究のおかげであり、間違いやよくわからないところがあるとすれば、それは私の責任です。

また、これから進路を考えるような若い世代にも気軽に読んでいただけたらと考えて、（研究者仲間からは怒られるかも知れないなと思いつつ）史料や文献の出典などは本文にほぼ掲載しませんでした（なお、引用した史料は、できる限り原文のままにしましたが、一部で旧字を新字にしてあります）。もっとしっかり勉強したいという方は、「参考文献」に示した多くの史料と先行研究とに、お目通しいただけたらと思います。

神野　潔

目次

第2章 三淵嘉子の生涯②　～裁判官編

第3章

三淵嘉子をとりまく人々

第1章

三淵嘉子の生涯①

～学生時代・弁護士編

はじめに

「女性であるという自覚より人間であるという自覚の下に生きて来たと思う」。この言葉は、本書の主人公である三淵嘉子（一九一四―一九八四）が、晩年に自身の裁判官人生を振り返って残したものです。

嘉子は日本における初の女性弁護士であり、初の女性判事であり、初の女性裁判所長となった人物で、テレビドラマのモデルとなったり、複数の優れた書籍が刊行されたりして、たくましくもおおらかな、のびのびとしたその生き方に、いま注目が集まっています。

「女性初」という言葉が、嘉子の人生を語る上で外せないものであることは、言うまでもありません。嘉子の「パイオニア」としての苦労と活躍は、そのあとに続く多くの女性法曹を生み出し、戦後の法曹の歴史は、男性だけのものではなくなりました。

嘉子自身も、亡くなる前年に書いた文章の中で、「女性としてはじめて弁護士となり、また戦後は裁判官として定年退官まで三〇年間を勤めた私の一生は、女性法曹の四〇年の歴史（当時──筆者註）そのものを歩んだことになる」と振り返っています。

嘉子が一九三八（昭和十三）年に高等試験司法科（現在の司法試験）に合格した時、合格者二四二名中女性はわずか三名、一・二パーセントでしたが、二〇二二（令和四）年のデータでは、合格者一四〇三名中、女性は三八九名、二七・七パーセント、二〇二三年は合格者一七八一名中、女性は五二四名、二九・四パーセントにまで上がりました。

一方で、冒頭で紹介した嘉子の言葉からも明らかなように（「人間であるという自覚の下に生きて来た」という言葉は、嘉子の人生を象徴的に表しているといってよいと思います）、「女性初」という言葉にだけ引っ張られて嘉子を語ることも、また適当ではありません。女性に対する教育に熱意を持ち、家庭裁判所と少年審判の発展に貢献し、法制審議会や日本婦人法律家協会で活躍するなど、一人の人間として嘉子の残した功績は大きなものがあるからです。

この第1章ではまず、嘉子の一周忌に合わせてまとめられた『追想のひと　三淵嘉子』に寄せられた多くの文章や、嘉子自身が書き残した随筆、解説、インタビューなどをもとにしながら、嘉子の前半生を追いかけてみることにしましょう。

のびのびとした明るい青春時代から、高等試験司法科の合格を経て弁護士となり、戦争の苦労と辛い別れとを経験し、裁判官としてスタートを切るまでの物語です。

1

誕生から高女まで

嘉子の誕生

この本の主人公であり、女性法曹のパイオニアとして知られている武藤嘉子（後の和田嘉子、三淵嘉子）は、一九一四（大正三）年十一月十三日、シンガポールで生まれました。嘉子の父親である**武藤貞雄**は台湾銀行に勤務していて、シンガポールは貞雄の赴任先でした（台湾は、一八九五（明治二八）年に結ばれた下関条約によって日本の領土となっていました。その台湾の中央銀行として一八九九年に設置されたのが台湾銀行です。台湾の貨幣を発行するという役割だけでなく、商業銀行としての側面も強く、糖業など台湾の産業の発展や資源開発に深く関与しました）。

嘉子の「嘉」の字は、シンガポールの漢字表記である「新嘉波」から取ったものです。貞雄・**ノブ**（信子）の夫妻にとって、待望の第一子でした。

一八八六年生まれの貞雄は香川県の出身で、丸亀中学から第一高等学校、東京帝国大学へと進んだエリートでした。

貞雄はやがてシンガポールからニューヨークへと勤務地を移すことになりますが、ノブと嘉子はニューヨークへは行かず、一九一六年に帰国し、香川県丸亀のノブの実家でしばらく生活しました。その年に弟の一郎も生まれています。

一九二〇年、東京勤務を命じられた貞雄は帰国し、この機会にノブと嘉子も東京に移って一家で渋谷区に居を構えました。

渋谷区穏田一丁目の早蕨幼稚園（近代文学の発展に貢献した教育者久留島武彦

（一八七四―一九六〇）が開いた幼稚園です。一九一〇年の開園で、児童文学者巌《いわ》谷《や》小波《さざなみ》（一八七〇―一九三三）の影響を受けて、桃太郎主義教育（桃太郎を教育論と結びつけ、秀才教育の必要性を説くを掲げていたようです）に入園し、翌一九二一年には青山師範学校附属小学校（現在の東京学芸大学附属世田谷小学校）に進みました。担任は、体育ダンス研究・普及の先駆者だった渋井二夫であったといいます。

一九二六年、渋谷区緑ヶ丘に転居、さらに一九二九年に港区笄町《こうがいちょう》に移り住み、一九三一年には同じ笄町の中でまた引っ越しをしました。父の貞雄は、家を持たないことを一つのポリシーにしていたようです。

笄町という地名はもうありませんが、現在の東京都港区南青山六丁目から七丁目にかけて、西麻布二丁目から四丁目の一部にかけての地域で、嘉子の家は西麻布四丁目にありました。家は立派な邸宅でしたが借家で、市電の線路がすぐ近くを走っていました。

嘉子はここで両親、四人の弟たち（一郎・輝彦・晟造・泰夫）と明るく穏やかで幸せな暮らしを送っていました。

何か専門の仕事をもつ為の勉強を

貞雄はこの時代のエリートらしく、男性の人生と女性の人生とが平等なものであるべきだと考えていました。嘉子に対して、「ただ普通のお嫁さんになる女にはなるな、男と同じやうに政治でも、経済でも理解できるようになれ、それには何か専門の仕事をもつ為の勉強をしなさい」と語り、専門的な職業である医師や弁護士を候補として挙げていたようです。

その頃既に日本で女性の医師は誕生していましたが（日本で最初の公認女性医師は、一八八五（明治十八）年に医術開業試験に合格し、医師として活動する傍ら女性の権利・地位向上のためにも尽力した荻野吟子（一八五一―一九一三）です。どの分野・職業にも、「女性初」として道を切り拓いた「パイオニア」がいます）、弁護士法の規定により、まだ女性が弁護士になることはできませんでした。

とはいえ、後で述べるように、弁護士法改正の機運は高まっていたので、貞雄もそれを察知しての提案だったと考えられます。

東京女高師附属高女に進学

一九二七（昭和二）年、嘉子は東京女子高等師範学校附属高等女学校（現在のお茶の水女子大附属高校）に入学しました。

東京女子高等師範学校は、一八七四（明治七）年に設立された東京女子師

範学校をルーツとする、女子の中等教員養成機関の一つです。その附属高等女学校は一八八二年に作られ、嘉子が入学した頃は受験倍率が二十倍とも言われて、学力の高い女子にとって憧れの（最高峰の）学校の一つでした。

嘉子は、港区笄町の自宅から、市電・省線（国電）と乗り換えて、お茶の水まで通っていました。

入学してすぐにできた四人の友人とは、東京女高師附属高女時代はいつでもどこへ行くにも一緒で、その友情は生涯続きました。後に嘉子が裁判官になって名古屋で働いていた頃には、四人が名古屋を訪れたり、全員で大阪万博に出かけたり、軽井沢の別荘で語り明かしたりもしたそうです。

嘉子は音楽や美術などにも才能を示して、東京女高師附属高女一年の時には、卒業生を送る謝恩会の演劇で、「青い鳥」のチルチル役を演じました（「青い鳥」とは、フランスの劇作家モーリス・メーテルリンクが一九〇八年に発表した童話劇で、貧しい木こりの子であるチルチルとミチルの兄妹が主人公です。一九二〇年代から日本でも上演されるようになっていました）。

嘉子のセリフは澄んだ声でよく通り、その演技は、友人たちの中でいつまでも思い出されて盛り上がるほどの出来栄えでした。嘉子はすっかり上級生たちのアイドルとなり、また、その後も何かの機会に演劇をやる時には、主役を演じることがありました。

東京女高師附属高女での生活

嘉子の演技の能力は、もしかしたら「宝塚」が好きだったこととも少し関係しているかもしれません。この頃の嘉子は、男役の雪野富士子（一九〇五―一九三九、宝塚少女歌劇団雪組の男役でしたが、一九三四（昭和九）年に退団、若くして亡くなりました。宝塚少女歌劇団は、一九一三年結成の宝塚唱歌隊を前身とし、現在は宝塚歌劇団という名称になっています。宝塚大劇場が有名ですが、早い段階から帝国劇場でも公演を行っており、また一九三四年には東京宝塚劇場が開設されたので、嘉子も東京で観劇に行ったことがあったかも知れません。レコードや絵葉書、脚本集なども広く売られていました）の大ファンでした。

また、ダンスが上手で、体操の時間に嘉子がダンスの振り付けを考えて、仲間たちと創作ダンスを踊ったこともありました。翻訳物の文学書に夢中になった時期もあり、仲良し五人組で同人誌のようなものを作って小説を書き合ったこともあったようです。

母親のノブはしつけに厳しい人で、その教育の成果もあったのか、嘉子は正義感が強く、努力家で、他人の苦しみを親身になって考えられるような性格に育ちました。

また、ノブは信心深く、嘉子やその友人も連れて、一緒に浅草観音や巣鴨のとげぬき地蔵、牛込釈迦堂などをまわったこともありました。理知的な嘉子がなぜか迷信や占いを信じるようなところがあった、というのは友人たちが口を揃えて語るところですが、十代の頃のこの不思議な迷信・占い好きもまた、ノブの影響があったのかもしれません。

嘉子は頭脳明晰で、考えたことを言葉として表現する力に秀でていました。とはいえ、いわゆる「ガリ勉」ではなく、おおらかで明るく、友人たちと青春を満喫していたというのが、当時の友人たちからの嘉子評です。

ですから、卒業式で嘉子が総代になった時には、同級生たちはみなとても驚きました。

2

明治大学専門部女子部法科の時代

進路への反対

嘉子は、東京女高師附属高女を卒業した後、法律の勉強をしていこうと思うようになっていました。

そのために、明治大学専門部女子部法科への進学を考えたのですが、嘉子が受験に必要な卒業証明書を取りに行くと、将来を心配した先生に強く反対されてしまいました。先生はおそらく、女性が法律を学ぶなんて、と思ったのではないかと想像されます。

日本に近代的な法律学を学ぶための学校ができたのは明治時代のことです。帝国大学に法科大学（法学部）が置かれたのに加えて、いくつもの私立法律学校が創設されていきました。

明治大学の前身にあたる明治法律学校は、その中心となる学校の一つでした（フランス法について学ぶ明治法律学校、東京法学校〈現在の法政大学〉、イギリス法を学ぶ英吉利法律学校〈現在の中央大学〉、東京専門学校〈現在の早稲田大学〉、アメリカの影響が大きい専修学校〈現在の専修大学〉の五校のことを特に、「五大法律学校」と言います）。

嘉子が進路を考えているこの昭和の時代には、これらの法律学校は大学になっていました（詳しくは後で述べます）。

さて、嘉子は先生の反対を押し切って明大女子部に入学手続を済ませたのですが、その時法事でたまたま東京にいなかった母ノブが、帰京した後でそのことを知り、やはり激しく反対しました。ノブは後に、熱心な理解者・応援者になってくれるのですが、この時は、将来自立できるかもわからないし、結婚できなくなると心配したのです。

しかし、開明的な父貞雄が嘉子の背中を押してくれ、一緒にノブを説得してくれました。こうして、一九三二（昭和七）年四月、嘉子は法律の勉強を始めることができたのです。

当時は、女性が法律を勉強するということは、「変わり者」というイメージをかなり持たれるものだったと嘉子は後に振り返っています。

嘉子自身、友人から驚かれたり、呆れられたり、「こわい」と言われたこともありました。日陰の道を歩いているような悔しさが、嘉子の心を襲うこともありました。

嘉子は後に、教育における差別こそが戦前の男女差別の根幹だった、人間の平等にとって教育の機会均等が出発点として重要であると述べていますが、当時はそのような差別を実感することもたびたびであったようです。

明治大学専門部女子部法科の設立

さて、ここで明治大学専門部女子部について説明しておくことにしましょう。

一九二九（昭和四）年四月に開校したばかりの明大女子部は、法科と商科との二つの科を持つ三年制の学校でした（なお、これは本科のことで、一ケ年の予科も設けられていました）。明治大学の学長であった**横田秀雄**、明治大学法学部教授で弁護士の**松本重敏**、そして、東京帝国大学の著名な教授で、明治大学法学部の教壇にも立っていた**穂積重遠**が中心となって創設し、遅れていた女子の高等教育を充実させる意図を持っていました。

一九二九年四月二八日に開かれたその開校式において、横田秀雄は以下のような演説をして、女子部を設けた意義を説明しています。

少し長くなりますが、また少し難しいところもあるかもしれませんが、この時代の様子も明治大学の先駆的な姿勢も両方伝わる挨拶なので、その一部をここに引用しておきましょう。

「明治大学が今回女子部を設けましたる理由は、一言にして申しますれば、時代の趨勢《すうせい》を看取《かんしゅ》してその要求を充たすといふことに外ならないのでありますが、試みにその主なる点を申しますと、女子の為に高等の教育を施しその学識を涵養し、その智見を開発し、女子をして学問上に於てその天分を発揮することを得せしむるが為に、学問の研究に関して均等の機会を與《あた》へるといふことが、我国刻下《こっか》の急務であるということがその一つでありります。それから男尊女卑の旧習を打破し、女子の人格を尊重しその法律上、社会上の地位を改善して之を向上せしむるといふことも現代に於ける要求の一つであります。女子に高等教育を施すといふことが、即ちこの要求を貫徹するが為の最良の方法であると考へたといふことが、又その一つであります。又女子は家政を整理し社会に活動する夫を援《たす》けて後顧《こうこ》の憂《うれい》なからしめ、又家庭に於て専ら子女訓育の任に当り、所謂《いわゆる》良妻賢母たるを期すべきは勿論でありますが、是は浅薄なる学識を以てしては到底能《よ》くすることが出来ないのであります。故に真に良妻たり賢母たるの実を全うするが為にも亦高等の教育が必要である。斯《こ》う考へましたことがその一つであります。終りに女子が人格に目覚めたる今日に於て、又生存競争が日に月に激甚《げきじん》を加へつつある現代社会に於きましては、女子がその百世の苦楽を男子の手に委《い》し、家庭に籠居《ろうきょ》して安逸《あんいつ》を貪《むさぼ》ることを許されないのでありま す。時と場合とに依りましては女子自から社会に活動して自からその運命を開拓し、一身一家の為に尽すといふことがなくてはならぬ。併《しか》し是はどうしても教育の力に俟《ま》たなくてはならぬ。而も高等の教育に依つて初めてこの目的を貫徹することが出来るのであります。之が即ちその一つであります。」

女性に学問研究の機会を平等に用意し、男尊女卑を打破し、女性の人格を尊重して社会的な地位を改善する。そして、女性が社会の中で活動し、自身の手で運命を開拓する。このような理念を掲げる学校で学んだことが、その後の嘉子の人生に大きな影響を与えたことは間違いないでしょう。多様な法学科目が配置され、一流の講師がそろい、充実した環境でした。

この明大女子部の第一回生には、後に明大女子部の教員として働くことになる**立石芳枝**や高窪静江もいました。

女子教育の状況

ところで、一九一八（大正七）年の大学令により、それまで「大学＝帝国大学」であった状況が大きく変化して、帝国大学以外の官立大学・公立大学・私立大学が認められるようになっていました（それ以前にも、私立の学校で「大学」を名乗ることが認められている場合はあったのですが、これは法制度的には全て専門学校でした）。

大学令の制定後、それまで専門学校だった学校が昇格して、大学となっていきます。嘉子が東京女高師附属高女に通っていた頃は、帝国大学と大学とを合わせて（官立・公立・私立を合わせて）約四十五校が存在していました。

しかし、この頃の日本の学校教育制度では、男女のあいだには明確な差が設けられており、女性が大学に行くことはかなり難しい状況でした。

尋常小学校での義務教育（初等教育）の六年間は男女共学で平等なのですが、さらに勉強を続けたい男性は、例えば、中学校を経て、高等学校や私立大学の予科、多くの専門学校（この専門学校の一部が、前で述べた通り大学になったのです）、そして大学へと進学していく道が開かれていました（この頃の学校教育制度は「複線型」と呼ばれ、他にもいろいろな「ルート」があります）。

これに対して、学びを続けたい女性の場合の例としては、尋常小学校を卒業したあと高等女学校があり、その先には女子高等師範学校や女子の専門学校がありましたが、高等学校にも大学にも進学することはほぼできませんでした。ただし、大学については、北海道帝国大学、東北帝国大学、九州帝国大学、同志社大学などだけが、それぞれの条件のもとで、女性の入学を認めていました。例えば、九州帝国大学法文学部では、女子高等師範学校・女子専門学校などを卒業した女性に対して、高等学校を卒業した男性の入学を許可した後にまだ定員を満たしていない場合に限り、第二次募集での入学を認めていました。

そのような状況の中で、明大女子部は卒業後に明治大学への編入を認める制度を設けていました。新たなかたちで女子に対して門戸と未来を開こうと作られた学校として、明大女子部は注目を集めていきます。

弁護士法改正

もう一つ、この頃の明大女子部を理解する上で重要なのが、弁護士法の改正です。

一九二二（大正十一）年、司法省は弁護士法改正調査委員会を設置し、この委員会が一九二七（昭和二）年に弁護士法改正綱領をまとめました。そこには、それまで認められていなかった女性の弁護士を認める内容が含まれており、この方針はその後の改正作業でも重視されていきます。そして、最終的に改正案がまとまったのは一九二九年三月でしたが、実は明大女子部の創設は、この弁護士法改正の動きを踏まえたものだったのです。

嘉子の入学直後の一九三三年五月、改正された弁護士法が公布され（施行は一九三六年四月）、それまで「日本臣民ニシテ・・・成年以上ノ男子タルコト」（第二条第一）とされていた弁護士の資格が改められて、「帝国臣民ニシテ成年者タルコト」と「男子」の条件が削除されました。これにより、女性も弁護士になることができるようになったのです。

そもそも日本に弁護士という職業が登場したのは、明治時代でした。

明治政府は、西洋の近代的な司法制度を継受し、一八七二（明治五）年制定の「司法職務定制」によって、新しい司法の構造の大枠を包括的に定めました。この法に定められた、訴訟に際して代理を務める代言人が、弁護士のルーツです。さらに一八七六年制定の「代言人規則」によって、代言人はより具体的に制度化されました（一八八〇年にはさらに改正されます）。とはいえ、この段階ではまだ整備不十分で、代言人に対する信頼も決して高くありませんでした（江戸時代に存在した非合法の訴訟代行業者である公事師の悪いイメージのために、批判的に見られることも多かったようです）。

一八九三年に、より近代化された弁護士法が公布・施行され、代言人は弁護士と呼ばれるようになります。試験制度も導入され、専門的な知識を身につけた重要な職業として位置づけられていきますが、それでも、判事・検事と比べるとその社会的地位は低いものでした（試験も、判事・検事は判事検事登用試験、弁護士は弁護士試験と別になっていました。試験制度が高等試験司法科として統一されるのは一九二三年のことです）。また、既に述べたように、弁護士になれるのは「成年以上ノ男子」に限られていました。

さて、話を嘉子の時代に戻しましょう。それまで男性に限定されていた弁護士の資格が、一九三六年からは女性にも広げられたわけですが、弁護士になるには難関な国家試験を突破しなければいけませんでした（この頃もなお、弁護士の地位は判事・検事と比べると低かったのですが、とはいえかつての代言人のイメージとは全く違うものになっていました）。

この頃の試験は、高等試験令（高等試験は一八九四年から一九四八年まで行われていた、いわゆる高級官僚の採用試験です。もともとは「文官高等試験」、一九一八年以降の正式な名称は「高等試験」ですが、嘉子の頃も一般には「高文試験」・「高文」と言いならわされていました）によって定められた高等試験司法科というもので、これに合格しないといけませんでした。

さらに、この高等試験司法科に合格したあと一年半の期間、弁護士試補として修習を受ける必要があり、その後にもう一度試験を受けて合格すると、やっと弁護士となることができたのです。

そして、高等試験司法科を受けるためには、厳しい予備試験にチャレンジするか、予備試験の免除を勝ち取るか（高等学校を卒業しているか、大学の予科を修了しているか、文部大臣が特に指定した専門学校を卒業しているかが条件）しかありませんでした。

結局、弁護士法の第二条第一が改正されても、この条件があることによって、女性が弁護士になるということはかなり困難だったのです。

その中で、先ほど述べた通り、明大女子部法科は、弁護士法が改正されることを見越してその少し前に開設され、さらに明大法学部への編入を認めていました。つまり、女子が弁護士を目指すには、明大女子部法科が最適の学校だったのです。

明治大学専門部女子部での青春

おおらかで明るく優しく、それでいて知性のある嘉子は、明大女子部でも多くの友人を得ました。

嘉子を含む四人組の仲間たちで、学校近くの駿河台下を歩いてみつ豆を食べ、三省堂書店に出入りし、料理学校に行き、家に帰ってからも電話をするほど仲良しでした。ＹＷＣＡで水泳をした後に授業に出て、濡れた髪のままで居眠りをしてしまうなどということもあったようです。

この頃の嘉子は、友人たちから「ムッシュ」というあだ名で呼ばれていました。明るく元気な青春時代のエピソードは多く残っていて、東京で雪が降った日に、お使いで肉屋に行こうとした嘉子は、乃木坂をスキーで滑り降りて警察官に注意されたそうです。

また、東京女高師附属高女の頃と変わらず、嘉子の多才ぶりも発揮されていました。

明大には混成合唱団があり、嘉子も友人たちと一緒に入団しました。土曜日・日曜日に集まって、明治大学記念館（初代の記念館は一九一一（明治四四）年に竣工されましたがわずか半年で火災により焼失、二代目の記念館も関東大震災で焼失、嘉子が通った頃に立っていたのは三代目でした。一九九六（平成八）年に解体され、跡地に現在のリバティタワーが建設されるまで、明治大学の象徴でした）などで練習したようです。

その発表会が秋に開かれ、そこでは「白雲なびく」で始まる有名な明大の校歌や、短めのドイツ曲などが披露されましたが、最後に「流浪の民」（ドイツの作曲家ロベルト・シューマンが一八四〇年に作曲した「三つの詩　作品二九」の中の一曲）の合唱があって、嘉子がソプラノソロを務めました。

この頃の嘉子も、やはり迷信を信じるようなところがあったようで、友人の一人が、一緒に「こっくりさん」をやってテストに何が出るかを「こっくりさん」に聞いた思い出を語っています。

理知的でありながら無邪気な一面を持つ、嘉子らしいエピソードです。

もっとも、嘉子の孫にあたる團藤美奈さんの記憶の中には、「おばあちゃん」として接した嘉子のイメージとして、迷信や占いを信じるようなところはなかったということなので、青春時代の一時のことなのかもしれません。

入学した頃には五十人ほどいた同級生は、結婚などで退学する者も多く、卒業の頃には二十人程度にまで減ってしまいました。小さな学校でしたが(明大女子部法科の入学者数は徐々に減少し、嘉子が卒業して明大法学部に通い出した頃には、二十人強まで落ち込んで廃止論も起こりますが、その後回復していきます)、それでも、年齢の幅や思想の幅も広く、多様性に富んだその環境は、嘉子に大きなプラスの影響を与えました。また、穂積重遠などの教授たちが、とても熱心に力を入れて講義を展開していたことも、大きな刺激になっていました。

後に嘉子は、明大女子部を引き継いだ明治大学短期大学の創立五十周年記念講演に出席し、女性が大学で法律や経済を学ぶこと自体が白い目で見られていた時代であったので、女子部の学生たちはとてもエリート意識などを持てなかったこと、しかし、自分に力をつけて人間らしく生きていこうという気持ちが強かったことなどを語っています。

人間であるということ、人間として生きるということ。嘉子の人生を貫くこの意識は、青春時代に形成されていったのだと思われます。

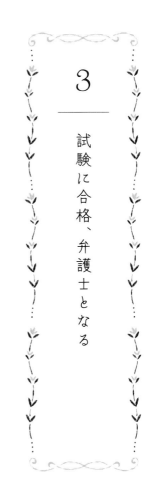

3

試験に合格、弁護士となる

男子学生と女子学生

一九三五（昭和十）年三月、明治大学専門部女子部を卒業した二十歳の嘉子は、希望通り明治大学法学部に編入しました。明大法学部に進んでも嘉子は成績優秀で、一九三八年三月に卒業する際には法学部の総代となっています。

試験の時には、周囲の男子学生にカンニングをお願いされることもあったということです。優秀でありながら、明るく穏やかで少しいたずら好き

の嘉子には、もしかしたらずるいお願いもしやすかったのかもしれません（正義感の強い嘉子は、もちろんそのお願いを受けなかっただろうと思います）。

学生たちにとって、学校という場で異性と机を並べるのは、小学校を卒業して以来のことでした。

おそらくお互いに関心はあったでしょうが、話しかける勇気がある人はほどんどいなく、女子学生たちは教室の前の方に集団で席を取って、授業を受けていました。授業が終わっても、自然と女子だけで行動するようなところがあったと、嘉子自身も振り返っています。

大学で中心となっていたのは、やはり男子学生でした。人数の少ない女子学生は、男子学生の勉学の場をお借りしているような雰囲気だったとも、嘉子は後に語っています。

しかし、嘉子が総代を務めたように、成績については女子学生は男子学生に全くひけをとりませんでした（明大女子部の第一回卒業生が、編入して明大法学部を卒業したのは一九三五年のことですが、この時は立石芳枝・高窪静江の女性二名が成績上位者三名の中に入っていたようです）。

男女のあいだには気持ちの壁があったにせよ、明大は女子学生にとって平等を体感できる場所でした。

先にも述べたように、嘉子は、教育における差別こそ戦前の男女差別の根幹であり、人間の平等にとって教育の機会均等こそが出発点であると述べていましたが、明大はこの問題に正面から向き合った、まさしく「パイオニア」の学校の一つであったのです。

試験に合格

一九三八（昭和十三）年三月に明大法学部を卒業した嘉子は、同年に高等試験司法科を受験しました。

二年前の一九三六年に初めて女性が受験していましたが、その年は合格者はなし、一九三七年には明大法学部在学中の田中正子（後の中田正子）が筆記試験を突破しましたが、残念ながら口述試験で不合格になっていて、この年も女性合格者はいませんでした。

筆記試験は七科目あり、論文式で、何日にも渡って行われます。嘉子は試験に向けて半紙を二つ折りにしたQ＆Aのノートを自ら作って勉強しました。筆記試験を受ける直前、嘉子はよく当たると評判の占いの先生を訪ねて、「受かる」と言われて試験に臨みました。

ところが、初日の筆記試験が終わると、嘉子はあまりの出来の悪さに、家に帰った瞬間に玄関で泣き崩れてしまいました。家族やかつて書生として武藤家にいた野瀬高生（この時は司法官試補で、後に裁判官となります）に励まされてなんとか気持ちを立て直し、翌日以降の試験にチャレンジし、筆記試験に合格しました。さらに、続く口述試験も突破して、初の女性合格者となったのです。

出来が悪かったどころか、とても良い成績での合格だったようです。


合格者二四二名の中には、一回目の受験で合格した嘉子の他に、前年に口述試験で不合格だった田中正子と、明大法学部に在学中で三回目の受験だった**久米愛**の二名も含まれており、明大の講堂では盛大な祝賀会も開かれました。

正子と愛は二七歳（年齢は正子が愛の一つ上）、そして嘉子は二三歳になっていました。三名の女性の合格は、日本の法曹の歴史における新しい時代の幕開けを意味していました。

新聞での報道と嘉子の本音

当時の新聞は、「初の女性弁護士」の誕生を、大々的に報じました。

十一月二日付の『東京朝日新聞』夕刊では、「〝法服〟を彩る紅三点、〝女性の法律問題は女性が――〟、弁護士試験・初の栄冠」という見出しで、三人の写真と談話とを掲載しました。

他にも、「初の女弁護士三人 合格発表 一年後には颯爽法廷へ」・「惨めな妻や母を敢然擁護」などという記事を、複数の新聞に見つけることができます。

当時の嘉子の談話は、まだ弁護士になったわけではない段階であるためか、喜びの中にも不安が入り混じったような、やや冷めた内容のようにも思えます。例えば、嘉子は以下のように述べています。

「女弁護士を目指しての受験だなどと云はれては困ります。法律を始めたのはこれからの婦人の社会生活にはどうしても法律の知識が常識として必要だと思つたからです（中略）これから法律の仕事に従事するかつて……それは今まだ何とも言へませんワ……」

「之から先の方針も未だ決まつて居りません状態です。仮令若《たとい》し弁護士になるに致しましても職業として立つて行くと云ふよりは、只管《ひたすら》不幸な方々の御相談相手として少しでも御力になりたいと思つて居ります。それには余りにも世間知らずの無力な、空虚な自分を感じます。晩成を期して、学問の上でも、社会の事に就いてももつともつと勉強し、経験を積んでその上での事でございます。そこ迄自分がやつて行けますか何うか……。只私の望みは仮令何の道を歩むに致しましても夫々の道に応じて、世の為、人の為、自己の最善を尽したいと思ふのみでございます。」

この時、多くの新聞記者が、弱い女性を救うために弁護士となったという物語で嘉子のことを捉えようとして質問を繰り返した、と嘉子は後に語っています。

しかし、自身が弁護士を志した動機は弱い女性を救うためではなく、（女性を含む）困っている「人間」の力になるためであったと、後に嘉子は振り返っています。本書の冒頭で示した通り、嘉子は女性であるという自覚よりもむしろ、人間であるという自覚の中で生きていて、これは、嘉子の生涯を貫く重要な「哲学」だったと言って良いでしょう。

ただ、試験に受かったばかりの嘉子の心に、そこまでの確かなイメージができあがっていたかはわかりません。談話にある通り、「世の為、人の為、自己の最善を尽したい」という思いは強くあったでしょうが、それを後に語るほど心の中で整理できていたわけではないかもしれません。

また、弱い女性を救うためという意識よりは、女性の社会的地位を高めたいという意識が強かったであろうと想像できます。嘉子は合格から数日後、「読売新聞」に寄せた文章「女と法律」の中で、「私が〝女弁護士〟になつたといふことは、私一個の小さな問題ですが、女が弁護士になれるといふ制度ができたことは、大きな問題です（中略）長い間『男の法律』で裁かれてゐた『弱い女』を『女だから』知らなかつた法的な無知を、女自身の手で護ることのできる日の近づいたことを皆様と共に喜びたいと思ひます」と書いています。この言葉は、弱い女性を救うことが大事なのではなく、「弱い女」という決めつけを打ち破っていきたいという、嘉子の気持ちを示しているのではないでしょうか。

弁護士試補時代の体験

高等試験司法科に合格すると、弁護士試補としての一年半の修習が待っていました。嘉子は第二東京弁護士会に配属されましたが（弁護士会という のは、弁護士法に基づき、地方裁判所の管轄区域ごとに一つ設置される団体ですが、東京だけ例外的に複数の弁護士会があります。強制加入団体で、弁護士は必ず所属しなくてはいけません）、当時の試補は無給で（裁判官、検察官になるための司法官試補は給与の支給がありました）、修習のために弁護士会に対して国から交付される経費の一部を、手当としてもらえる仕組みになっていました。とはいえそれはかなり安く、当時の私立大学出身者の初任給が月四十五円くらいのこの時代に、嘉子が受け取っていた月の手当は二十円程度でした。戦前は弁護士の地位が裁判官・検察官と比べて低く、このようなところにも露骨な差が設けられていました。

嘉子は、丸ノ内ビルヂング（丸ビル）に入っていた仁井田益太郎の弁護士事務所で修習しました。仁井田は裁判官・京都帝国大学教授・東京帝国大学教授を歴任した人物で、第二東京弁護士会の創立者・会長でもありました。修習のあいだ、討論の場で年上の男性たちに対して意見を言うことは、なかなかやりにくいことでした。いくら女性に門戸が開かれたといっても、

社会的には女性に対して厳しい目が向けられている中で、嘉子も自然と遠慮しながら意見を述べることが続きました。

一緒に合格した正子と愛の二人は第一東京弁護士会に配属されて修習しており、三人ともそれぞれ丸の内にある法律事務所にいました。

お昼の時間に丸ビルのレストランに行ったり、皇居のお濠沿いを散歩したり、初の女性合格者三人の切磋琢磨する友情は続きました（正子は一九三九（昭和十四）年に中田吉雄と結婚し、夫とともに鳥取に移って弁護士として活動しました。愛は日本婦人法律家協会の会長を長く務め、嘉子とも多くの場面で行動をともにしました）。

修習を終え、さらに見事弁護士試補考試にも合格した嘉子は（正式には、この段階で、初の女性弁護士が誕生した、ということになります）、いよいよ弁護士としてのキャリアを歩み始めることになります。一九四〇年六月十六日付で、嘉子たちがまもなく修習を終えることを伝える『東京日日新聞』には、「生れ出た婦人弁護士　法廷に美しき異彩〝女性の友〟紅三点　抱負も豊かに登場」という見出しが踊っていますが、「お嬢さん弁護士」と紹介された嘉子のコメントは、「まだまだこれからです」、「一本立ちといつても自信もないし自分に向く仕事かどうかもわからないんです。まあやるとすれば民法をもつと研究してゆきたいと思つてゐます」という、淡々としたものでした。

4
戦時下・戦後の苦労

再び明大女子部へ

一九四〇（昭和十五）年十二月、嘉子は弁護士登録をして（試補時代のままに）第二東京弁護士会に所属し、引き続き仁井田益太郎の事務所で勤務することになりました。主に離婚訴訟を引き受けて働き出した嘉子でしたが、身近な生活にまで、戦争の足音が迫ってきていました。それまでも中国との戦争が続いていましたが、一九四一年十二月に太平洋戦争（アジア・太平洋戦争）が始まります。

戦時下では民事訴訟の数自体が大きく減り、嘉子は弁護士としての活動がほぼできない状態になっていきます。

そのような中で、嘉子の生活の中心は、母校明大女子部法科での教育となっていきました。弁護士登録をするよりも前の一九四〇年七月、嘉子は明大女子部法科の助手となっていたのです。

さらに、一九四四年八月には助教授へと昇進しました（なお、その頃には明大女子部は改組して、明治女子専門学校となっていました）。

教師となった嘉子は、入学してきた女子学生たちの憧れの存在でした。学生たちは、「初の女性弁護士」というイメージとは遠い、明るく人間性豊かな嘉子に驚き、またその優しさに感謝したそうです。そのおおらかな雰囲気と反対に、講義が始まると、その張りのある声ときっちりした話し方とに、学生たちは惹きつけられました。

遠く満州から入学してきたある学生は、最初に会った時に、嘉子が優しく「遠くからよく来られたわね」と声をかけてくれ、良い靴がなくて困っていた時には、横浜の元町の靴屋まで連れて行ってくれたと語っています(なぜ遠く元町まで出かけたのか、嘉子のお気に入りの靴屋があったのか、わかりません)。

当時の明大女子部の校舎は新しくなっていて、現在の山の上ホテルの近辺にあり、嘉子はここで民事演習、親族法、相続法などの講義を担当していました(戦後も続けています)。

とはいえ、戦局は日に日に悪化し、学校で勉学することが徐々に難しくなっていきました。明大女子部は繰り上げ卒業を実施し、防空演習や救護訓練なども学校で多く行われて、とても厳しい時代でした。

結婚と戦争

一九四一（昭和十六）年十一月、嘉子は笄町《こうがいちょう》の実家の書生だった**和田芳夫**と結婚して、和田嘉子となりました。芳夫は、父貞雄の丸亀中学時代の親友の親戚という関係で、会社勤めをしながら明治大学の夜学部を卒業していました。

二人は池袋のアパートで新婚生活を始めましたが、一九四三年一月には長男の**芳武**が誕生して、笄町に戻ってきます。厳しい生活の中にも、大きな喜びを得た時期でした。

しかし、一九四四年二月、笄町の家が家屋強制疎開（空襲による延焼を予防するため）の対象となり、港区高樹町に引っ越すことになりました。

一九四四年六月に芳夫が召集され、この時は一度召集解除となったのですが、一九四五年一月に再び召集されて上海へと渡りました。この頃嘉子は、友人とともに日比谷公園に出かけ、友人の夫の無事を願うおまじないとして、炭で亀の背中にその名前を書き、公園の池に放したといいます。誰もが不安を抱え、励ましあって生きていました。

芳夫の召集と同じ一九四四年六月には、すぐ下の弟一郎の乗った輸送船が鹿児島湾の沖で沈没し、一郎は戦死しました。

一九四五年三月、嘉子は幼い芳武を連れ、一郎の妻嘉根、その子の康代とともに、福島県坂下町《ばんげまち》（現在の会津坂下町）に疎開することになり、八月十五日の終戦もこの地で迎えました。食料の確保も難しく、生活環境が整わない中で、幼い子どもを守るための必死の生活でした。

その間、四月の空襲で明治女子専門学校の校舎が全焼、五月の空襲で港区高樹町の自宅が焼けて、両親は小田急線の稲田登戸駅（現在の向ヶ丘遊園駅）近くへと移りました（その頃、貞雄は台湾銀行を辞めて火薬工場を経営しており、それがこのあたりにあったのです）。

夫の死、母の死

終戦を迎え、嘉子は稲田登戸の両親のところへ戻り、再び明治女子専門学校の教壇に立ちます。とはいえ、多くの人がまたそうであったように、戦後の混乱の中で嘉子の苦労は続きました。

一九四六（昭和二一）年五月二三日、上海から引き揚げてきた夫の芳夫が、持病であった肋膜炎により、長崎の陸軍病院で亡くなりました。結婚してからわずか四年半、一緒に暮らすことができたのは三年程度でした。

さらに、一九四七年一月には、いつも応援し続けてくれていた母のノブも、脳溢血で亡くなります。

嘉子は、長い時間が経ってからも、この戦時中・戦後の辛さを思い出して、友人や同僚の前で涙を流すことがしばしばあったそうです。

自他ともに恵まれたお嬢様育ちだった嘉子は、悲しみを乗り越えて自らの力で人生を切り拓かなければいけない状況に追い込まれていました。

逆境の中で、嘉子は強く生きていこうと決意し、夫を失った自分自身にとって、また女性にとって、特に大事なのは経済的自立だと考えるようになります。一九四七年三月、嘉子は司法省を訪れ、大臣官房人事課長の**石田和外**（後の最高裁判所長官）に対して、裁判官採用願を提出しました（司法省は法務省の前身ですが、裁判官の人事権を掌握するなど、法務省とは位置づけが異なります）。

それまで、裁判官・検察官になった女性は一人もおらず、しかし実は

「男性に限る」という規定が存在していたわけではありませんでした（つまり、規定はないのに、採用面などでの実態において、男性に限られていたのです）。

男女平等を認めた新しい日本国憲法が施行されようという時期で、そのもとで、女性も裁判官になれるはずだ、なれるようでなければならない、と嘉子は強く思っていました。

かつて高等試験司法科を受けた時、司法官（裁判官・検察官）試補採用の告示に「日本帝国男子に限る」と書かれていたのを見て、男女差別に対する怒りを感じていました。その気持ちも、嘉子の背中を押しました。

司法省へ、そして最高裁判所へ

石田和外は、嘉子を**坂野千里**東京控訴院長と引き合わせてくれました。

しかし、坂野からは、女性裁判官が初めて任命されるのは、新しく最高裁判所が発足してからの方が良いと言われ、裁判官としての仕事を勉強するために、司法省へ入ることを勧められてしまいます。日本の司法制度も大きな変革の中にあり、坂野にはそのことも念頭にあったのでしょう。嘉子は残念ながら裁判官にはなれず、一九四七（昭和二二）年六月、司法省民事部に嘱託として採用されました。

嘉子は、司法省民事部で民法調査室の所属となって、当時改正・制定の途上にあった民法・家事審判法の議論に関わっていきました。

明治時代に作られた民法は、ドイツを中心に諸外国の影響を強く受けたものでしたが、そのうちの家族法については、日本独自の「家制度」を設けていました。「家制度」のもとでは、戸主の力が極めて強く、結婚した女性は無能力者（契約などの法律行為を単独では行えない人）であると位置づけられていました。

一九四七年五月に新たに施行された日本国憲法のもとでは、このような女性の人権を無視した「家制度」は当然ながら認められず、大幅な改正が必要だったのです。

また、関連して、「個人の尊厳と両性の本質的平等を基本として、家庭の平和と健全な親族共同生活の維持を図ること」を目指して、家事審判法の制定が進められました。

この家事審判法に基づいて、「家庭内や親族の間に生じた争の事件や争でない重大な事柄の事件をやさしい手続きで、早く、親切に、しかも、適切に処理する家庭事件専門の裁判所」として、一九四八年一月に地方裁判所の支部として家事審判所が設置されます。


嘉子の正直な気持ちとしては、裁判官になれなかったことへの不満もありました。とはいえ、ここで進められた改正・立法作業は、「家制度」を廃して個人の自立を進めるものであり、嘉子はそれに関わることに大きなやりがいも感じていたといいます。

なにより、この時代に得た関心・知識・経験が、後に家庭裁判所の発展に力を尽くすようになる嘉子の人生に、大きな影響を与えていくのです。

一九四八年一月、嘉子は発足したばかりの最高裁判所の事務局（現在の事務総局）民事部に移ります。**関根小郷・内藤頼博**など、親切な上司・先輩たちからの様々な教えを受け、「裁判官としてどのような心構えで裁判をすべきか」ということはこの時代に培われたと、後に嘉子は語っています。

さらに、一九四九年一月、全国に家庭裁判所ができると（家庭裁判所は、先に述べた家事審判所と、戦前から存在し司法省が管轄していた少年審判所とを統合して、全国四十九箇所（地方裁判所の数と同じ）に置かれたものです）、最高裁判所の中に、家庭裁判所の設立に尽力した**宇田川潤四郎**を局長とした家庭局ができ、嘉子はそこに所属することになりました。

嘉子はここで、親族法・相続法・家事審判関係の法律問題や司法行政上の事務などと向き合う日々を送っていきます。この時代の仕事を通して得た知識や経験もまた、後に家庭裁判所の発展に邁進することになる、嘉子の基礎となりました。この時代、『主婦と生活』や『婦人倶楽部』といった雑誌に、家族法関係の簡単な解説（遺産の分け方、親権を失う場合など）を書いたり、インタビューに答えたりもするようになります。

新しい法律、新しい制度を市民に啓蒙する役割を、積極的に担っていこうとしていた様子がうかがえます。

この頃の嘉子は、いつも大きな風呂敷包みを持って通勤していました。食料のない時代でしたが、仕事で遅くなった時には、同僚たちとスルメやコロッケなどを肴に焼酎を飲んで語り合うようなこともあったようです。

また、嘉子は歌を歌うのが好きで、職場の懇親会の余興では、よく「リンゴの唄」を歌っていたといいます（「リンゴの唄」は、サトウハチローの作詞、万城目正の作曲で、一九四五年に映画「そよかぜ」（松竹大船）の主題歌・挿入歌として並木路子が歌い大ヒットしました。「赤いリンゴに…」で始まる歌詞や、のびやかで明るい並木の歌声は、敗戦後の厳しい時代を生きる人々に希望を与えました）。嘉子がにこやかに歌うと、まるで本当の赤いリンゴが歌っているかのような雰囲気だったそうで、皆が自然と唱和するような盛り上がりがありました。

嘉子に大きな影響を与えた父貞雄が一九四七年十月に肝硬変で亡くなるなど、この時期にも不幸がありましたが、幼い芳武を抱えた嘉子は、強くたくましく新しい時代を生き抜こうとしていました。

「戦後」という新しい時代に

新しい時代に、それまで女性のいなかった場所で嘉子は働き始めたわけですが、女性であるということを理由にした差別などを受けたことはなく、不愉快な思いをしたこともほとんどなかったと語っています。

一方で、新しい時代を女性たちがどう生き抜いていくのか、不安に感じる気持ちもありました。後に嘉子は、この時代のことをこんなふうに振り返っています。

「始めて民法の講議を聴いたとき、法律上の女性の地位の余りにも惨めなのを知って、地駄んだ踏んで口惜しがっただけに、何の努力もしないでこんな素晴しい民法ができることが夢のようでもあり、又一方、余りにも男女平等であるために、女性にとって厳しい自覚と責任が要求されるであろうに、果して現実の日本の女性がそれに応えられるであろうかと、おそれにも似た気持を持ったものです。」

一九四九年八月、嘉子は東京地方裁判所民事部の判事補に任用されました。その年の四月に、戦後の司法研修所で初めて男性と一緒に修習をした**石渡満子・門上千恵子**の二人がそれぞれ判事補、検事に任官されていて、この二人に続いて、嘉子もついに裁判官となったのです。

新しい時代を生きる不安と緊張感の中で、しかし嘉子はそれでも力強く、人生の次のステージに足を踏み入れていこうとしていました。

第2章

三淵嘉子の生涯②

～裁判官編

はじめに

第1章では、『追想のひと　三淵嘉子』や嘉子の残した文章・インタビューなどを参照しながら、嘉子の前半生を追いかけてきました。この第2章でも同じようにさまざまな文献・史料をもとにしながら、その裁判官時代を見ていきたいと思います。

嘉子は東京地方裁判所で判事補となり、やがて「女性初」の判事として名古屋地方裁判所で働くことになります。その後、東京に戻って東京地方裁判所・東京家庭裁判所で長く勤務したあと、「女性初」の裁判所所長として新潟家庭裁判所に赴任します。

さらに、浦和家庭裁判所・横浜家庭裁判所でも所長を務め、一九七九年に定年退官するまで、女性法曹の「トップランナー」として走り続けました（嘉子はその後も一九八四年に亡くなるまでさまざまな活動をしますから、最後まで女性法曹の「トップランナー」だったと言って良いと思います）。

ですが、第1章の「はじめに」でも書いたように、「女性初」ということだけで嘉子は評価されるべきではなく、嘉子の功績はもっと確かなかたちで理解されるべきでしょう。この第2章では、裁判官時代の嘉子の仕事とその意義について、具体的に紹介していきます。

また、現代の社会を生きる私たちにとっては、「女性初」にこだわること自体が、もはや疑問を向けられることかもしれません。「女性」を強調することは、男性がまるで「基本」であるかのように見てしまっていることにもなりますし、男性・女性という性別の区分にこだわりすぎることは、多様な性に対する理解の不足であるとも言えるからです。

とはいえ、嘉子自身とその後に続いた多くの女性たちの努力によって、嘉子の時代とは比較にならないくらい女性法曹の数が多くなったといっても、いまだに法曹界全体に占める女性の割合は三割に届いていないというのも現実です。

女性が法曹界を目指しやすくなり、女性法曹の人数がさらに増加し（社会の男女の比とほぼ同等になり）、女性法曹にとってより働きやすい環境が整備され、正当に能力を評価される日が来るように（例えば、現在の最高裁判所判事十五名のうち、女性はわずか三名ですが、これが男女同数程度となるように）、私たちは考え続けていく必要があります。

これらのことを意識しながら、裁判官として生きる嘉子の後半生を辿っていきましょう。

5

裁判官となる

裁判官としての嘉子の姿勢

一九四九（昭和二四）年八月、三十四歳の嘉子は、東京地方裁判所民事部の判事補に任用されました。

同年に判事補、検事に任官されていた石渡満子・門上千恵子に続き（二人は、戦後に司法研修所で男性と一緒に修習を受けた、最初の女性司法修習生でした）、嘉子も裁判官としての人生を歩み始めたのです。

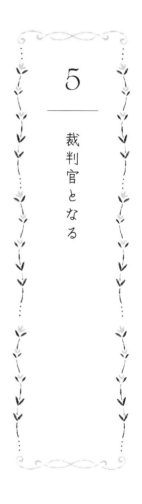

嘉子が所属したのは東京地方裁判所民事第六部で、当時の裁判長は**近藤完爾**という人物でした。嘉子は女性裁判官として注目を集める存在でしたが、裁判官としての法廷経験は全くなかったので、最高裁判所事務総局民事局長だった関根小郷の意向もあって、近藤はできる限り合議事件を増やして、早く嘉子が裁判事務に慣れるようにと働きかけました（現在の地方裁判所での民事訴訟は、一人の裁判官で審理する単独事件が多いのですが、論点の複雑な事件や規模の大きな事件などは、三人の裁判官の合議で審理する合議事件になります。単独事件にするか合議事件にするかは裁判所や裁判官が判断しますが、当事者から希望が出される場合もあります。この当時の東京地方裁判所民事部には、合議事件の多い部と単独事件の多い部との区別が設けられていたようです）。

ただし、近藤はあくまでも経験の少ない裁判官への配慮としてこのように考えただけであって、嘉子が女性裁判官だからというような理由で、気を遣っていたわけではありませんでした。

近藤は、最初に嘉子に会った際に、「あなたが女であるからといって特別扱いはしませんよ」と言い、その言葉は嘉子の心にいつまでも残り続けました。嘉子は後に、近藤から受けた指導が「私の裁判官としての生き方を決定した」と振り返っていますが、近藤のような公平な視点を持った先輩裁判官たちとの出会いが、嘉子の裁判官人生を満たされたものにしていきます。

実際のところ、嘉子は近藤のもとで明るくのびのびと仕事に打ち込み、経験を積んでいくことや、新しい知識を吸収することにも熱心でした。

近藤から見ても、経験の少なさに対する配慮などは必要のない様子であったようです。嘉子は合議の場においても物怖じせず自由に発言し、とはいえ言いたい放題なわけでは全くなく、他の裁判官の意見にもいつも丁寧に耳を傾ける平衡感覚がありました。

柔軟な思考の持ち主であった嘉子がいるだけで、裁判官室の雰囲気は明るくなり、誰もが思ったことを言いやすい空気に包まれたそうです。

嘉子は、自身の考える男女の真の平等を実現するためには、職場において女性は甘えないこと、そして男性が女性を甘やかさないことが大切だと考えていました。人間として全力を尽くすときには、男性も女性もないのであって、むしろ「女性だから」という甘えの方が許せないものだという気持ちが、嘉子の中にはありました。

この頃の裁判所では、数少ない女性裁判官に対して、男性裁判官が優しいいたわりを見せることがしばしばありました。しかし、そこから来る「特別扱い」こそが、かえって女性裁判官と男性裁判官とのあいだに壁を作っているところがあり、それは女性裁判官にとっても不利益であると嘉子は感じていました。

女性としてではなく、人間として見られるように。それは、嘉子が最後まで持ち続けた強い意識でした。当時の裁判所では、女性裁判官には感情的で決断力が足りないという「弱点」がある、という決めつけもあったようですが、周囲の同僚たちは、嘉子からはそのような「弱点」を感じてはいませんでした。

むしろ、嘉子からは、（明るい笑顔で、聡明さを押し出すというようなところはないにも関わらず）働く女性の代表という強さが滲み出ていました。また、嘉子のいた民事第六部の判事室には久米愛や野田愛子もたびたびやってきて、「女性法曹」たちの意見交換の場にもなっていました。


嘉子は法廷においても、同じ女性だからこそ敢えて甘やかさないという姿勢を貫いていました。

例えば、若い男女の愛情のもつれから起こった事件の合議においては、嘉子は「女性ならでは」という視点からの指摘をする一方で、当事者が女性だからかばうというようなことは一切ありませんでした。むしろ女性に対して厳しく批判的な意見を述べたりすることもよくあったようです。

母の顔

この頃の嘉子は、稲田登戸駅近くで、弟輝彦の家族と一緒に共同生活を送っていました。息子の芳武は、輝彦の妻温子が面倒をみていたといいます。

芳武は、ゆかり文化幼稚園（藤田復生が創設し、弘田龍太郎が初代園長を務めた幼稚園で、世田谷区成城にあります）に通い、さらに玉川学園小学部へと進んで、すくすくと成長していました。

裁判官として働く嘉子でしたが、家に帰れば母としての顔も持っていました。

嘉子は、芳武が家の近所の踏切を渡って通学しなければならないのが「とても嫌」だと同僚に語っていました。また、自身の同級生に商店街でばったり会った際には、芳武に水泳を習わせたいと思っているという話をしていたそうです。穏やかな家族の生活が、そこにはありました。

一方で、嘉子は亡くした夫のことを思い出し、その寂しさから涙を流すこともあったようです。

この頃の嘉子と芳武の様子が、「愛児と新しい年を　和田嘉子さん」というタイトルの大きな写真で、一九五〇（昭和二五）年の『法律のひろば』に掲載されています。嘉子のにこやかな笑顔が印象的です。

なお、これは「婦人法曹告知版」というコーナーのページです。女性法曹の姿とそのキャリアとを紹介したコーナーで、他に門上千恵子、**渡辺道子**、石渡満子、久米愛の写真が掲載されています。

四人とも、嘉子と日本婦人法律家協会などで多くの接点を持ち、一緒に切磋琢磨した女性法曹の「パイオニア」たちでした。

アメリカ視察

この時期、嘉子のその後のキャリアにも影響を与える、大きなできごともありました。一九五〇年、大阪家庭裁判所所長の稲田得三、東京家庭裁判所判事の佐藤昌彦と一緒に、アメリカ視察のメンバーに選ばれ、家庭裁判所を見て回ったのです。なお、前法務府人権擁護局長で弁護士の大室亮一や、自由人権協会の中心人物で弁護士の森川金寿（後に「家永教科書裁判」の弁護団長などを務めます）たちも一緒で、こちらのグループはアメリカの人権擁護運動に関わる視察を目的としていました。

五月十二日に横浜を出航、二十二日にシアトルに着き、それからシカゴ、ニューヨーク、ワシントンと回って、最後はサンフランシスコから八月下旬に日本に帰ってくるという、三か月程度の視察旅行でした。

この視察では、弁護士の（この時は法務府事務官となっていました）渡辺道子も人権擁護運動の視察メンバーとして一緒でした。道子はその時の嘉子のことを、「往復の船、列車、ホテルで（嘉子と――筆者註）ずっと寝起きを共にしたのでしたが、素直なやわらかな性格が、ことごとに、滲み出るのでした。三か月間寝起きを共にして、なお信頼と懐かしさを残してくれる人というのは、そう存在するものではありません」と振り返っています。

嘉子がどこに泊り、何を食べ、何を感じたのか。細かいことはわかっていないのですが、同年九月に開催された全国家事審判官会同で、同行した佐藤とともに嘉子は講演をしていて、そこでアメリカの家庭裁判所の家事部について詳細に報告しています。

その内容は、アメリカの家庭裁判所の名称、現状、傾向、管轄、日本の家庭裁判所と違う点（事件処理の方法や費用）などについて説明した上で、実際に見学したシアトルやニューヨークなどの家庭裁判所のことを詳しく紹介するものでした。

この中で、嘉子は、アメリカの家庭裁判所の制度の中で、参考になったのは「プロベーションオフィサーの制度」だと強調し、「専門的な教育と訓練を経たプロベーションオフィサーが裁判官の手足となって大きな働をしている」と述べて、その位置付け、業務内容、給料などを詳細に説明しています。

プロベーション・オフィサーは、日本でも当時できたばかりであった家庭裁判所の調査官や調停委員を混ぜたような存在で、家庭裁判所の裁判事務を担い、事件を調査して法廷で意見を述べ、また和解の斡旋を行い、「殆どの実際の仕事」を専門的な知識を持って遂行していたようですが、嘉子が日本も学ぶべきだと考えたのは、その専門性でした。

訓練を受け、深い知識を持ち、さらには経験を積んだ専門家の必要性を、嘉子は噛み締めていたのです。また、ニューヨークやサンフランシスコの裁判所で目にした、女性裁判官の活躍する姿にも、嘉子は感銘を受けたようでした。

日本婦人法律家協会

一九五〇（昭和二五）年、女性法曹が集まって、日本婦人法律家協会（一九九五年に日本女性法律家協会と名称を変更）が組織されました。GHQ（この頃、まだ日本は連合国軍の占領下にあり、GHQが占領政策を実施していました）法務部の女性弁護士メアリー・イースタリングから、アメリカに婦人法律家の会があるので日本でも作ってみてはどうか、という提案を受けたことがきっかけでした。八月に非公式の最初の会合がもたれ、九月に会が発足し、規約などが整って正式に会が設立されたのが十月であると考えられます。会の目的は、「婦人法律文化の発達と会員相互の親睦をはかること」でした。会員は九月の発足の段階では十名（正式に会が設立された時には十五名になっていたようです）、裁判官、弁護士、大学教員などで構成され、初代の会長は、嘉子とともに高等試験司法科に合格した弁護士の久米愛でした（愛はその後二十六年間にも渡って、会長を務めることになります）。

嘉子は副会長となり、愛を助けて会の運営に関わっていきました（ただし、嘉子自身は、女性の社会的・政治的・経済的な問題に対する運動にとても熱心だった、ということではありません。それは、嘉子が裁判官だったということがありますが、それに加えて、嘉子の気持ちは男性・女性ということに関わらず、「人間」であるというところにあり、また自身の仕事を通じて、男女平等の実現に関わろうとしていました）。

愛・嘉子以外に、**野田愛子**（書記に選任されました）、**渡辺美恵**、**鍛治千鶴子**、人見康子（慶應義塾大学の共学一期生で、法学部法律学科の教授になります）、そして既に本書に登場した立石芳枝、石渡満子、渡辺道子などが初期のメンバーでした。

当初は小さな会でしたが、だんだんと人数は増えていきました。一九五八年に「婦人法律家協会会報」第一号が刊行されますが、そこには八十五名の会員がいると記されています。会員同士の親睦、研修、海外の法曹との交流（会の発足後すぐに、国際婦人法律家連盟にも加入しました）、女性法曹の地位向上などに向けて、積極的に運動していくようになります。

6

「女性初」の判事として

女性裁判官の任官と転勤

一九五二（昭和二七）年十二月に、嘉子は「女性初」の判事となり、名古屋地裁へ転勤になりました。

ところで、嘉子の名古屋での活躍と新しい生活とについて触れる前に、三つほど補足しておきたいと思います。

一つ目は、戦後に行われた、司法をめぐる大きな制度の変更についてです。

戦前は、司法権を担う裁判所の司法行政（司法権を行うために必要な、裁判所の設置、裁判官や職員の人事、会計などの行政作用）については、司法省が担当していました。

これに対して、戦後の日本国憲法のもとでは、裁判所は完全に司法省（一九四八年に法務庁となり、法務府を経て、一九五二年からは法務省）から独立して、裁判官の人事（任地の決定、任務の決定など）は最高裁判所が行うことに変わりました（ただし、任命は内閣が行います。また、検察官については、法務大臣が人事権を持っています）。

嘉子のこの人事も、戦後の新しい制度のもとで行われたものでした。

二つ目は、女性裁判官の状況についてです。

嘉子以降、女性裁判官が毎年一、二名誕生しており、当初は全て東京に配属となっていました。やがて、東京以外の裁判所にも女性裁判官の配置が検討されていきますが、女性裁判官を「扱いにくい」と考える裁判所も多く、特に規模が小さく裁判官の人数も少ない裁判所では、女性を歓迎しない空気があったようです。

女性裁判官の側はなんとも思わない事件の内容でも、男性裁判官の側が女性裁判官には任せづらいと考えて、「特別扱い」してしまうということも多くありました（この点は先にも述べた通りです）。

三つ目は、女性裁判官の転勤と任用についてです。

全国の裁判所のレベルをある程度同等に維持するためには、優秀な裁判官がきちんと地方にも配置される必要があります。嘉子が名古屋に移った頃には、裁判官（特に判事補）はだいたい三年程度で転勤になる仕組みができあがりつつありました。

問題は、まだ数少なかったとはいえ、結婚している女性裁判官の場合です。転勤によって家族と別居する可能性も出てきてしまうわけですが、最高裁判所は、女性裁判官を特別扱いすることへの批判を受けて、平等に転勤させるようになり、女性裁判官の側もこれを受け入れていました。

しかし、やがてこの転勤を受け入れられる女性だけが、裁判官への任官を希望することが現実になり、一九五〇年代後半には、転勤を命じる際に多様な家庭的配慮を考えなければいけない女性裁判官をそもそも採用したくないと考える傾向が、最高裁判所の中にかなり強く現れてきたようです。一九五八年二月には、日本婦人法律家協会会長の久米愛の名前で、当時の最高裁判所長官田中耕太郎と法務大臣唐澤俊樹に宛てて要望書が提出されましたが、そこには、「法務省では二、三年前より女子の検察官を採用しないことに内定し、裁判所でも次第にこれを制限する方針であるという声をきくようになりました。憲法の番人である裁判所や法務省が職員の採用にあたり性別による差別をされるとは到底信じられません。これは司法部内の一部反動的な人々の個人的発言から生じた風説にすぎないとは思いますが、女子修習生がかかる風説に動揺を受け、任官志望につき消極的態度を余儀なくされている事実を見逃すことはできません」と記されています。

この問題は、ずっと後の一九七〇年頃にも再燃しますが、長い年月と困難を乗り越えて、徐々に解消されていきました。

名古屋での生活(判事として)

嘉子の職場であった名古屋地方裁判所は、名古屋市市政資料館として現在もその姿を残しています。一九二二(大正十一)年に当時の名古屋控訴院・地方裁判所・区裁判所として建設されたこの建物は、戦後は名古屋高等裁判所・地方裁判所として、一九七九(昭和五四)年まで使われていました(二つの裁判所は、一九七九年に現在の中区三の丸一丁目に移転しました)。

嘉子が勤務した頃は、現在の市政資料館(当時は本館と呼びました)を取り囲むように、別館などの建物が多く建っていました。嘉子の勤務した民事部の判事室は、主に本館の2階にありました。

嘉子は、判事としてのスタートを切ると同時に、裁判所の外でも、以前よりもさらに積極的に活動するようになりました。

名古屋市教育委員会の社会教育委員（社会教育に関して計画立案・調査研究を行い、教育委員会に助言する委員）を引き受けたり、各婦人団体の講演会に積極的に講師として出かけたり、名古屋大学の女子学生たちが、自立したプロフェッショナルとしての生き方を目指して結成した「女子学生の会」にアドバイスしたりもしていました。

この「女子学生の会」の中には、後に弁護士・参議院議員として活躍する**大脇雅子**もいました。

また、嘉子は、徳島から名古屋に赴任してきた永石泰子判事補を連れて、いろいろなところへ出かけたようです。

泰子は一九四三年に明大女子部法科を卒業し、戦後に共学化した中央大学で学んだ最初の女子学生の一人で、法学部に在学中の一九四八年に司法試験に合格し、一九五一年に裁判官となった、注目される女性法曹の一人でした（なお、ここまで女性法曹という言葉を使ってきましたが、当時は女性法曹とは言わずに、「婦人法曹」と言うことが多かったようです）。

仕事においては、嘉子は強い信念の人でした。

論争の際には、対立する意見などについて徹底的に追及する激しさがあったようです。

一方で、同僚であれ部下であれ、相手の言い分をよく聞く寛大さもあり、納得できればそれに従う柔軟性も持っていました。この頃の嘉子は、なにごとも相談して会議で丁寧にことを進めたいという意識が強かったということですが、それは審理の仕方や判決書などに厳格だった近藤裁判長のもとで学んだことが大きかったのかもしれません。

この頃には、明大女子部で嘉子から教えを受けたり、嘉子を憧れの存在と考えたりして裁判官になったという女性たちが、だんだんと増えてきていました。

そのような女性法曹の一人であった鎌田千恵子は、一九五五年の春に判事補となって松山に赴任する際、名古屋で途中下車して嘉子の官舎を訪ね、「しっかり頑張んなさいよ」と励まされたと言います。

「パイオニア」としての嘉子の姿が、次の世代にもプラスの影響を与えていました。

名古屋での生活（母として）

名古屋に移った嘉子は、千種区北千種弦月町の宿舎に住んでいました。「社会で活躍する女性」の象徴とも言える存在であった嘉子の名古屋赴任は、名古屋駅前の電光ニュースで流れたといいますが、実際の生活は慎ましいもので、六畳二間の住宅で息子の芳武とお手伝いさんと、静かに暮らしていました。

勉強部屋には机を二つ置いて、本棚には嘉子の法律関係の書籍と、中学生の芳武の書籍とが、仲良く並んでいたそうです。

嘉子にとって、慣れない地での仕事と子育てとはたいへんで、寂しさが募ることもありましたが、でも、充実した時間でもありました。嘉子はこの名古屋での時間を通して、自立した女性の生活のあり方について、より深く考えるようになっていきました。

嘉子は、名古屋の裁判所の俳句会

にも参加するなど、同僚たちと親しく交流しました。この頃作った句は、俳句会のまとめた『想い出』という冊子に収められています。

例えば、「子等の追う先さきを行く目高かな」・「春の水面ちかぢかとボート漕ぐ」などがあります。これらは、俳句会の吟行会に息子の芳武を連れて出かけ、公園でボートに乗った際に詠んだと思われます。仕事を離れた嘉子の穏やかな様子が浮かびます。

再び東京へ、そして再婚

名古屋での生活は、楽しいこともたくさんありましたが、一方で母一人・子一人の生活は負担も大きく、寂しさもありました。

一九五六（昭和三一）年五月、四十一歳となっていた嘉子は東京へ戻り、東京地方裁判所で再び勤務することになります。

嘉子が所属することになった民事二四部では、裁判長と陪席裁判官とを交代制にしていました（他では、部の総括者を決めているか、年長者が事実上の総括者となり、裁判長になっていました）。

そのため、嘉子もしばしば裁判長として、法廷指揮をする機会がありました。珍しい女性裁判長に対して、時に風当たりも強い中で、嘉子は厳しく、しかし闊達かつオープンに、それにあたったと言います。

また、裁判官全員の研究会において、嘉子が穏やかに、しかし筋の通った説得力のある発言をいつもしていたこと、嘉子の発言があると皆が耳を傾けたことなどのエピソードも残っています。

東京へ戻って三か月経った八月に、嘉子は同じ裁判官の**三淵乾太郎**と再婚することになりました。乾太郎は、初代最高裁長官であった**三淵忠彦**の子息で、教養と気品あふれる紳士であり、その判例解説が名文であるということも評判でした。

優秀な二人をいつ誰が引き合わせたのかはよくわかりません。ただ、この時すでに亡くなっていた、乾太郎の父忠彦のことは、嘉子は以前からよく知っていました。忠彦の戦前の著作である『日常生活と民法』を再刊した際（一九五〇年）、その頃最高裁判所事務総局民事局長であった関根小郷から声をかけられ、内容が新しい民法に対応するようにと、関根と二人で補修をしたことがあったからです。

また、嘉子が家庭局にいた頃に最高裁判所事務局（事務総局）で秘書課長・総務局長を務め、嘉子に大きな影響を与えた内藤頼博によれば（内藤は一九六三年から一九六九年まで東京家庭裁判所所長を務め、嘉子とまたともに働くことになります）、嘉子に「白羽の矢」を立てたのは三淵乾太郎の母親である三淵静で、関根小郷夫妻の媒酌で式を挙げたそうです。

二人の仲の良さをよく覚えている同僚たちの複数の「証言」が、『追想のひと　三淵嘉子』の中には残っています。

二人の式は派手なものではなく、簡単なパーティーのようなかたちで済ませてしまったということですが、それはお互いに配偶者と死別した再婚で、またお互いに子どもがいたからなのかもしれません（乾太郎には、亡くなった妻の祥子とのあいだに、那珂・奈都・麻都・力の四人の子がいました。口絵に掲載した写真の中で、三次《みよし》で嘉子と一緒に写っている女性が奈都です）。

新婚の二人は、結婚していた那珂以外の子どもたちと一緒に、目黒で新しい生活を始めました。

明朗快活な嘉子でしたが、厳しく激しい一面もあったといいます。（後の仕事ぶりにも表れるように）子どもの健全育成に強い関心を持っていた嘉子は、親が過剰に愛情を注いで過保護にすることにより、子どもがわがままになり、人を傷つけることを気にしないような人間になることを心配していました。

子育てにおいても、その姿勢が強く出ていたと言います。

乾太郎の四人の子どもの一人である三淵力は、「一人息子、芳武を連れて嫁して来た時、継母は、さぞや敵地に乗りこむ進駐軍、といった心がまえであっただろう」と回想しています。

乾太郎の四人の子どもたちと嘉子とが、親子としての関係を作り上げていくのには時間もかかったでしょう。

力は、「昨日、仲むつまじかったかと思うと、今日はもう言い争い、といった風に波乱が起き、我が家は平穏とはとても言い難い状態になった」「（嘉子の――筆者註）ミスを指摘し、糾弾することは、大変な勇気のいることであった」などとも書いています。

それは、嘉子らしいひたむきさの表れであると同時に、裁判所で見せている姿とは少し違った、ある意味で人間らしい一面だったのかもしれません。

「生きる目的」としての仕事について

東京地方裁判所での仕事にも慣れ、新しい家族を持ち、嘉子の人生は新しい段階に入っていました。そのような中で、一九五九（昭和三四）年、嘉子は『婦人と年少者』という雑誌に「共かせぎの人生設計」という文章を寄せています。

この時代の嘉子の姿勢や感情が見え隠れする重要なものだと思うので、少し長くなりますが引用して紹介していきます。

嘉子はまず、（自分自身がそうであるように）妻が職業を持つということについて、以下のように述べて、経済的な理由で働くだけでなく、「生きる目的」としての仕事の大切さについて語ります。

「『共かせぎ』ということは、言い換えれば妻も働いていることでありそれが問題になるのは、職業を持った妻の問題として『家庭と職業の両立』

『育児と働く母親』ということでしょう。しかし、現在の日本では、婦人自身が職業をもつことについてどのように自覚しているかが、まずこれらの根源となる問題だと思うのです」

「私共の母の時代までは、主婦の生き方というものは、家族のために自分を殺し切った、まるで燐光のような美しさをもったものでしたが、今の若い女性は十分に自分を生かした明るい人間関係の上に築かれた家庭の中での太陽にあろうというのですから、その生き方は明るいものを感じさせます。それならば、経済的に安定する限り、女性は家庭に入って良き妻となり良き母となることで万事めでたしというわけです。しかし、それで本当に女が幸せになれるのでしょうか」

「女の人が妻としてではなく、人間として本当に強くなるには、自らの力で生きる自信がついたときではないではないでしょうか。婦人も職業をもって独立すべきものとする立場からすれば、職業をもつことは経済的な手段に止まらず、その仕事そのものが生きる目的になって来ます。自分の家庭に奉仕するだけでなく、活動する社会の一部の仕事を自分も担っているという自覚、他人に養われることなく、自分の力で生活して行く自信、それらが自分の意思によって生きて行くことの大きな支えになるわけです。」

嘉子はこの文章の中で、自分自身も最初は経済的な理由で仕事をしたけれど、仕事をしていく中で「自らの力で生きる人間の喜び」を知ったとも書いています。

また、例えば「もし三千万円転がり込んで来たら」と考えてみても（実際に友人たちとそんな話をしたのだと書いていますが、いかにも嘉子らしいエピソードな気がします）、「やはり何か仕事を持たずに遊んで暮らしてはいけないと思った」とも述べています。嘉子にとって、社会の中で仕事を得て働いていくということは人生の喜びであり、そのことを多くの人に伝えたいという啓蒙的な意識を、嘉子は強く持っていました。

母の子に対する「愛情」について

もっとも、一九五〇年代の日本において、嘉子が書くようにはなかなかうまくいかないのが現実でした。

嘉子も、そのためには「理解ある夫を得ること」と「愛情に対する新しい考え方」が大切であるということを、「共かせぎの人生設計」の中で説明しています。

「理解ある夫を得ること」については、「夫に、妻が職業をもつことは人間として当然であり、家庭生活は二人の協力で築いていくという気持がなければ到底共かせぎ夫婦の家庭生活は営まれないでしょう」としていました。

嘉子は女性たちにも強い意識を持つように喚起して、「職場で既婚の婦人を歓迎しなかったり、結婚即停年というような問題の起きる一つの原因は、結婚すると職業をおろそかにするという婦人の側の責に帰することもあるのではないでしょうか。しかし、これも家庭を第一にしたい涙ぐましい妻の姿とも云えます。従って夫の積極的、消極的な協力がなければ妻はその職業と家庭を両立させていくことは困難です」と述べています。

「愛情に対する新しい考え方」については、

「子供の世話も現実にみるということと母子の愛情とは別だと思います（中略）職業をもつ母がその仕事のために子の世話を他人に助けて貰う必要のあるのはいうまでもなく、そのために母親としての愛情に欠けると悩む必要はないと思います」

「世の中の人はそんな母親を悪い母親というかもしれませんが、そのために母親が人間として一人前になれるならば、その上欲張って世間から良い母親といわれる必要もないではありませんか。いつか子供が大きくなったとき、母親が人間として尊敬できるならば、きっと子供はそんな母親の生き方を理解してくれるでしょう」

と書いていました。

現代を生きる私たちは、嘉子が述べるよりももう少し多様な価値観が社会に存在することを知っています。そして、それらの全てに対して寛容であるべきことを自覚してもいます。ですが、この文章が書かれたのが一九五九年であるということを考えると、嘉子の意見はとても進歩的なものだったと言えるのではないでしょうか。

そして、嘉子がこの文章を書いた背景には、自分自身はこうして生きてきた、という強い自負もあったのに違いありません。

もっとも、嘉子はずっと後になって、「今（一九八三年―筆者註）の日本の現状で女性の自立と、育児の責任とが両立できなくなったら、私は育児の為には女性は自分の自立を少し先に延ばす他ないと思います。子供にそのつけをまわすわけにはいきません」とも書いています。

そのように書いた背景には、「父親が育児のため、その仕事を捨て、母親が社会的活動をするというケースもあっていいと思いますが、そういう役割分担は女性自身未だ別の抵抗がありましょう」という社会の状況もあったようです。ですが、それだけでなく、嘉子自身の人生において、働く母親にとっての育児というのは常に大きなテーマであり、だからこそ時にこのような葛藤のようなものを感じることもあったのでしょう。

7

家庭裁判所へ

家庭裁判所の判事として

一九六二（昭和三七）年、四十八歳の嘉子は東京家庭裁判所判事となりました。もともと、嘉子は自身が家庭裁判所で働くことに前向きではありませんでした。自分が家庭裁判所で働くことがきっかけになって、女性裁判官たちが家庭裁判所ばかりで働かされるようになることを心配していたのです。嘉子自身は、「裁判は、結局は裁判官の個性ですからね。男性だから女性だからというより、裁判官個々の適格によるのです」と後に述べていますが、裁判所全体には「殺人とか婦女暴行の審理は女性には痛々しい」と考える傾向が（つまり、前に述べた「特別扱い」が）あり、女性は家庭裁判所が向いているという声があったためで、そのようなレッテル貼りをされ、他の裁判所での活躍の機会を奪われることを、嘉子は警戒していました。その気持ちから、嘉子は、法律によって事件を解決する訴訟事件で修業を積んだ上で、人間の心を扱う家庭裁判所の裁判官になろうと方針を立てており、五〇歳前後にならなければ家庭裁判所裁判官は引き受けないと決めていたのです。

嘉子自身は家事審判が希望だったのですが、ポストの関係で少年部（第九部）に所属することになりました。

嘉子がそれまで担当してきたのは民事訴訟で、刑事裁判を担当したことはなかったので、少年事件を担当することには不安もありました。

しかし、家庭局時代の上司（初代最高裁家庭局長）であった宇田川潤四郎に、少年事件は少年を処罰するものではないから、刑事的な思考ではなく、むしろ民事の感覚が大切だと励まされ、前向きな気持ちになっていきます。

やがて嘉子は、少年審判の充実と少年の健全な育成とに心血を注いでいくようになります。


少年審判の手続は、少年法に細かな規制があるわけではなく、少年それぞれの個性や状況に対応することが重視され、審判にあたる裁判官の経験や人柄などによって作り上げられているものでした。

嘉子は、先輩の裁判官たちからそれらを受け継ぎつつ、自身の考えも盛り込みながら、少年審判を充実した意味のあるものにしたいと考え、そこにやりがいを見出していきます。少年本人、補導委託先の主幹、調査官、裁判官といつも納得のいくまで話をするというのが、嘉子のスタイルになっていきました。

また、自身が受け継いだものを次の世代に繋いでいこうとする意識も強く持って働いていました。

少年審判について

そもそも家庭裁判所というところは、家事事件（家庭内の紛争。例えば離婚や遺産分割など）と少年事件（未成年者の犯罪、非行など）とを扱うわけですが、嘉子は家庭の平和と少年の健全な育成をはかるという目的自体は、この二つにおいて一致していると考えていました。

家庭裁判所では、法律の視点だけでなく、当事者の気持ちや環境を深く理解することが求められます。家庭裁判所が持っている独特の（他の裁判所とは大きく違う）雰囲気に、赴任当初の嘉子は戸惑うこともあったようです。

嘉子が出会った家庭裁判所で少年事件を担当する裁判官たちは、少年のためにという使命感や、弱者の幸せを守る「とりで」としての信念をもち、当事者のためにより良い方法を見つけ出していこうと考えていました。このような家庭裁判所の価値観と雰囲気とに、嘉子は当初驚いたわけですが、とはいえこれは、嘉子自身がかつて家庭局時代にイメージしていた家庭裁判所の姿でもありました。

嘉子は、家庭や学校、職場からはみ出した少年を、健全な社会に適応できるようにしていくこと、言い換えれば少年の生活環境を作り上げていくことに、責任を感じて取り組んでいきました。

殺人、強盗などの悪質な少年事件においても、嘉子は一対一で裁判をする際には、警察の前で少年たちが見せる犯罪者の面も、裁判官の前で見せる幼い少年の面も、両方ともそれは少年の真実の姿であると考え、少年の中にある純粋な人間的な心を感じることに努め、少年の更生の可能性を信じると決めていました。

嘉子は、家庭裁判所の意義を「裁判所の福祉的役割」だと説明しています。

そこには、一般の裁判所の厳格な雰囲気と比べて、「人間の福祉を考える人間的雰囲気」があり、それを大事にしていきたいと心に誓っていました。

また、嘉子は、少年審判における調査官の存在をとても大事に考えていました。

調査官の職務は、法的な知識・思考だけではなくて、行動科学（心理学・教育学・社会学など）に関する専門的な知識や思考をもとに、多様な調査（家庭内のトラブルの解決や、少年の立ち直りに向けて）を行うことですが、嘉子はこの専門性の部分を特に重視し、さらに裁判官との協同が大切だと語っていました。

先に述べたアメリカ視察の際の感想と同じ考え方で（ただし、そちらの感想は主に家事審判に対してのものでしたが）、専門性を重視するという嘉子の姿勢は一貫していたことがわかります。

少年法の世界

一九七〇（昭和四五）年に法制審議会少年法部会が設置され、嘉子は委員となります。部会長は戦前に検事、戦後に一橋大学の教授として活躍した植松正でした。その委員として、あるいは家庭裁判所の裁判官として、当時起こっていた少年法改正に向けての動きに対して、嘉子は「反対」の態度を示していくのですが、ここではその前に、そもそも少年法とはどのような法なのか、この頃どのような議論があったのかを確認しておきましょう。

一九二二（大正十一）年に制定された少年法（旧少年法）は、戦後に大幅に改正され一九四九年一月に施行されました。

旧少年法では、犯罪少年（少年＝十八歳未満）に対して刑事手続に代えて保護手続を実施すること、刑罰に代えて保護処分を科すことを認めてはいましたが、その選択はまず検察官が行い、検察官からの送致を受けて（つまり、検察官が不起訴にした少年についてのみ）、少年審判所で保護手続を行うことになっていました。

戦後の新しい少年法では、旧少年法の構造を受け継ぎつつも、家庭裁判所が新たに発足したことに伴い、警察や検察は少年事件の全てを家庭裁判所に送致することになり、また少年法の対象は二十歳未満とされました。

そして、家庭裁判所に送致されてきた少年が刑事処分を受けるのは十六歳以上に限り、家庭裁判所が刑事処分を相当との審判をした場合に限られること（家庭裁判所が保護処分か刑事処分かを選択し、刑事処分の場合には検察に逆送する）、家庭裁判所に調査官を置いて、科学的な観点から裁判官に提案をすることなどを定めていました。

しかし、公の秩序維持を重視する視点や、適正手続を尊重する立場から、検察官の力を強め、検察官がもっと関わる少年法を求める声もありました。

法務省は一九六六年に「少年法改正に関する構想」を発表し、さらに一九七〇年に「少年法改正要綱」をまとめて、法制審議会にその内容について諮問します。この内容は、十八歳・十九歳という年長の少年を青年とし、青年の事件については原則刑事手続で処理すること、青年の起訴・不起訴の選択、十八歳未満の少年の家庭裁判所送致・不送致の選択は検察官が行い、家庭裁判所が刑事事件も担当することを含むものでした。

当時、アメリカでも、いわゆる「ゴールト事件」(少年ゴールトが隣人にわいせつな電話をかけたという事実から、十分な手続的保障もなく少年院送致の裁判を受け、連邦最高裁判所がこれを破棄した事件)をきっかけに、少年司法を適正手続尊重の方向へと向かわせようとする議論が白熱しており、法務省の提案はそれを意識したものでした。それとともに、青年の位置づけについては西ドイツの制度を取り入れたものでした。

これに対して、家庭裁判所を中心にした裁判所関係者、日本弁護士連合会（日弁連）、そして多くの刑事訴訟法の研究者などが強く反対し、議論は混迷を極めることになります。

少年法に対する嘉子の考え

このような少年法改正をめぐる議論の中で、嘉子は自身の考えを以下のように示していました。

「事件を扱っていますと、十八、九歳の少年はケースによって非常に差があります。この年頃は人格的に子供から大人になりかかる過渡期で、心情的に不安定な状態におかれています。一人一人問題のあるところを明らかにしたうえで、適正な手当を加えることが必要です。刑罰にするか保護処分にするかの選別は、今の少年審判手続のような個別的な処理のできる手続でやらなければ、本当は判らないのです。まず刑事訴訟手続に乗せてしまえば、どうしても刑罰が多くなり、教育のための保護処分が必要なケースも、見逃されてしまいがちです」・「（一九七〇年に提出された──筆者註）改正要綱は、十八、九歳の少年の刑事裁判を、家庭裁判所で取り扱うことにしていますが、これは余程慎重に考えないと、いままでお話ししましたように家庭裁判所が、国民の幸せをはかる裁判所として二十五年間に築いてきた性格と、矛盾することにもなりかねません」。

先にも述べた、家庭裁判所において少年一人ひとりに個別に向き合う大切さを、嘉子はここで改めて説いていると言えるでしょう。

結局、法制審議会少年法部会の議論もなかなかまとまらず、一九七六（昭和五一）年まで長い時間がかかった末に中間答申を採択しました（基本手続はそれまでの少年法のままで、ただし年長少年の重大事件は検察官の立会を認めるなどの内容を含む）。しかし、一九七七年に法制審議会を通過したこの答申に基づく法律案が、国会に提出されることはありませんでした。

なお、現在では、選挙権や民法の成人年齢が十八歳に引き下げられたことと連動して、少年法が大幅に改正され、二〇二二（令和四）年から施行されています。

十八歳・十九歳でも「特定少年」として引き続き少年法が適用され、全て家庭裁判所に送られ、家庭裁判所が処分を決めますが、検察への逆送事件の範囲が広がり、逆送決定後は二十歳以上の者と原則として同じように扱われ、実名報道も解禁されるなど、十七歳以下の者とは区別されるようになっています。

ところで、嘉子は東京家庭裁判所にいた時代に、家事部で勤務していた野田愛子や、所長の内藤頼博、東京家庭裁判所の調停委員たちと、「東京少年友の会」を作るために尽力しています。これは、非行少年の更生を援助するボランティア団体で、今では全国的に広がっています。

8

「女性初」の裁判所長として

新潟家庭裁判所へ

一九七二（昭和四七）年六月、嘉子は新潟家庭裁判所所長に任じられました。日本で初めて、女性の裁判所長が誕生したのです。かつて高等試験司法科に合格した時などと同じように、新聞には「わが国で初めての女性の裁判所長が誕生」などの見出しが踊りました。

裁判所長の仕事は、裁判官としてだけ働いていた時とは大きく異なって、いわゆる司法行政事務を処理し続けることに、力を注ぐことになります。

裁判官という仕事そのものにやりがいを感じている人にとっては、所長の仕事はもしかしたら魅力的ではないかもしれません。実際のところ、嘉子もこのような仕事に大きな魅力を感じる、ということはなかったようで、「裁判官は一種の象牙の塔にいるようなもので、長くここに籠っていてから行政職に就くのはつらいことです（中略）人を使うという経験がないといいましょうか、これが裁判官の弱点でもあるのです」と述べています。

とはいえ、嘉子の明朗で柔軟な人柄は変わらず、裁判所で働く職員たちが判断力や実践力を持ち、それぞれに適した持ち場で能力を十分に発揮できるよう、働きやすい態勢と雰囲気を作ることを心がけていきました。

嘉子が裁判所長という仕事に前向きに取り組んだ理由は、もう一つありました。

それは、所長になることは裁判官としての昇進を意味するものであり、そうである以上、女性裁判官にも男性裁判官と同様にそのポストが用意されていなければならない、ということでした。

嘉子は、自分自身がそのような女性裁判官のために道を拓くべき存在であると自覚しており、後進たちのために望まない仕事も進んで引き受けていくべきだと考えていたのです。

「リンゴの唄」を歌うと、本当に赤いリンゴが歌っているようだ、などと言われていた嘉子も、いつのまにか五十七歳になっていました。

家庭裁判所発足二十五周年

嘉子が新潟家庭裁判所の所長を務めているあいだに、日本で家庭裁判所が発足して二十五周年を迎えました。

嘉子は、それを記念した対談の中で（対談の相手は、最高裁判所事務総局家庭局長だった裾分一立でした）、家庭裁判所の裁判官のあり方について、法律の知識以外に人間行動科学に対する理解などが必要であること、裁判官には将来の展望を踏まえての判断が求められることなどを述べています。
また、調査官制度については、嘉子らしく、調査官の科学的知識に基づく調査が必要なので、調査官の専門性を高める必要があることなどを語っています（他にも、少年法改正についても触れていますが、先に紹介したのは、ここでの発言などをもとにしたものです）。

その中で、嘉子はこんな発言をしています。

「普通の訴訟事件では、裁判官は冷静で、自分を外に現さないようにしていると思いますが、家庭裁判所では、裁判官も人間的なあたたかい雰囲気で、当事者の持っている悩みに援助の手を差しのべなければいけないのです。家庭裁判所創設当時、最高裁裁判官であられた穂積先生（穂積重遠――筆者註）や初代家庭局長の宇田川さん（宇田川潤四郎――筆者註）が、『家裁の入口は階段をつけてはいけない。平らにそのまま庶民が入って来られる裁判所でなければいけない。』と言われたことが、忘れられません。冷静で公平な厳しい裁判所が従来の裁判所のイメージであったとすれば、家庭裁判所は人間的な温か味のあるところであらねばならない。国民にとって親しい裁判所というイメージ……。私は、そのイメージは創られたと自負しているのですが。自惚れかなー（笑）」。

嘉子が信念を持って考え続けてきた家庭裁判所のあり方、そして嘉子自身の自負。それが垣間見える内容になっています。

なお、嘉子は穂積重遠の逝去三十周年として一九八一（昭和五六）年に開かれた「穂積重遠先生を偲ぶ会」でも、この「家裁の入口は階段をつけてはいけない」という話をしています。嘉子にとって、とても大事な言葉だったのでしょう。

浦和家庭裁判所時代、横浜家庭裁判所時代

新潟家庭裁判所で一年数か月のあいだ所長を務めた後、嘉子は一九七三（昭和四八）年十一月に浦和家庭裁判所所長に転じます。

ここで四年と少し勤務し、一九七八年一月に横浜に異動になり、以降、六五歳で定年を迎える一九七九年十一月まで、横浜家庭裁判所所長を務めました。

横浜家庭裁判所時代は、所長宿舎の庭で職員たちと（夫の乾太郎も一緒に）バーベキューをするなど、楽しく打ち解け合うことを心がけていたようです（口絵に掲載した写真の中に、所長宿舎とその庭が写っているものがあります）。

嘉子は、職員たちから親愛・尊敬の気持ちを込められて「おかあちゃん」と呼ばれていました。

新潟時代も含め、所長時代を通して、嘉子は少年事件、家事事件に対す

る一般社会からの関心を高めたいと考え、頻繁に講演に出かけました。行き先は、公共団体が主催する講演会もあれば、婦人会や幼稚園、中学や高校などもありました。

自身が長い時間をかけて取り組んできた少年問題は、本来であれば家庭裁判所へ来ることなどないように、家庭や社会の中で協力して解決していくべきであり、それを伝えていくこと、社会の中に入っていくことも、少年事件に関わる裁判官の仕事だと嘉子は考えていました。

少年事件で家庭裁判所に来る人たちの中には、家庭内での悩みを抱えて苦しんでいる人も多く、その人たちが心を開けるようにという気持ちが嘉子にはありました。横浜家庭裁判所の所長時代には、調停室のカーテンを華やかなものに変え、壁を白く塗り替えた上で絵を飾るなど、雰囲気を変えることに力を注いだというエピソードが有名です。さらに、昼休みには廊下に音楽を流したということですが、「家裁の入口は階段をつけてはいけない」というあの言葉を、嘉子なりの方法で実行したのだと言えるでしょう。「家裁は人間を取り扱うところで事件を扱うところではない」と、嘉子は繰り返し語っていました。

この時期には、一九七八年二月に総理府婦人問題企画推進会議委員、一九七九年二月に法制審議会民法部会委員になり、退官直前の一九七九年六月からは、日本婦人法律家協会会長になっています。

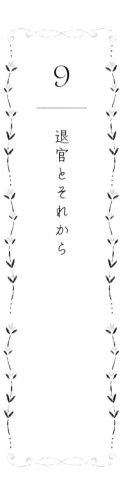

9

退官とそれから

裁判官から弁護士へ

一九七九（昭和五四）年十一月十二日、翌日に六五歳になる嘉子は、退官の時を迎えていました。退官の日の午前中まで裁判官として働き、多くの人に別れを惜しまれながら、横浜家庭裁判所を後にしました。

裁判官を退官した直後、嘉子は労働省男女平等問題専門家会議座長に就任します。さらに、翌一九八〇年一月に東京家庭裁判所調停委員になり、さらに同じタイミングで第二東京弁護士会に弁護士登録し、夫乾太郎とともに自宅を事務所としました。

男女平等問題専門家会議は、労働者の側・使用者の側のそれぞれ五名と、学識経験者五名と、合計十五名からなる会議で、雇用における男女平等について判断する基準の考え方について、調査研究を行い、議論を進めました。最終的に、「雇用における男女平等の判断基準の考え方について」という報告書をまとめ（その詳細も、いくつかの研究を踏まえて説明するべきでしょうが、ここでは省略します）、一九八二年五月に労働大臣に提出します。嘉子はここでも、男女平等の実現に向けて情熱を注ぎ、また、公正に明るい態度で臨んでいました。

雇用における男女平等についての嘉子の個人的な考えは、それまで定着していた女性の保護（のために男女で異なる取扱いをする）という観点を捨て、特に企業の募集・採用における男女の平等を実現し、もし平等が実現でき

ないのであれば企業に対して罰則を、というものでした（しかし、最終的に嘉子の死後に成立した男女雇用機会均等法は、経済界の反対などもあって罰則規定を持たず、男女の間の均等な取り扱いを「努力義務」とのみ規定するにとどまりました。現在は、罰則規定を持つものになっています）。

退官後も力強く働き続ける嘉子でしたが、一方で、自分の裁判官人生を振り返ったインタビューの中で、「退官してからは、重い責任感、勤務の拘束から解放され、好きな時に本が読め、外出できることのすばらしさに、目下、自由をしみじみと満喫しています。裁判官の生活に悔いがなかったからかなとも思うのです」とも語っています。

一九八三年に女性裁判官・検察官・弁護士の仕事を紹介した書籍『女性法律家』をまとめるなど、さらに活動の幅を広げていきました。

体調不良

その後も、嘉子は労働省婦人少年問題審議会委員などを歴任しますが、自由な時間を得てさらに活躍の場を広げていた嘉子に、二つの問題が迫ってきました。一つは夫の乾太郎の体調が優れず、看護にあたるようになったことです。

そしてもう一つは、自身の体調不良でした。

一九八三（昭和五八）年二月頃から、嘉子は背中や肩の凝りが気になるようになり、三月には胸骨が痛んで手を当ててかばうほどになりました。

四月、東京大学医科学研究所でガンの可能性があると診断を受け、六月になると胸の激しい痛みに襲われて、国立病院医療センターに入院します。後にわかることですが、肺の腺ガンを原発とする転移性骨ガンでした。

この頃、旧友の中田正子が仕事の関係で電話をした際に、嘉子は「これで中田さんの写真も見たし、声も聞いたし」と言ったといいます（写真というのは、ちょうどその頃の日弁連の新聞に鳥取弁護士会の紹介記事や、正子を含む会員の写真が載ったことを指しています）。

正子は後に、「あれはお別れの言葉だったのか」と振り返っています。

最期の時

その後、嘉子は入院と退院を繰り返しながら抗ガン剤治療などを続けていきますが、体の痛みと苦しさは日に日に増していきました。

痛みと戦う苦しさの中、病院で一九八三（昭和五八）年の年末を迎えた嘉子は、「嫌な今年を送ることで、来年は何か変化があるような気がする。最後まで痛さに苦しめられるのもその闘いのような気がする」と書いていました。嘉子の孫にあたる團藤美奈さんは、背中に手を当てて欲しい、若い人の手でさすってもらうと痛みがやわらぐ、と言われたことを記憶しています。

自身を強く奮い立たせようとし、新しい年に期待と希望を抱きながらも、確かに死が迫ってきているということを嘉子は理解していました。

翌一九八四年、三月下旬頃から容体が悪化し、四月になると鎮痛剤を打ち、人工栄養と酸素マスクで眠り続けるようになります。

この頃、嘉子は日本婦人法律家協会でともに活動した弁護士の大野明子の訪問を受け、日本婦人法律家協会の会長再任を引き受けています。年の初めにそれまで引き受けていた全ての仕事を辞任していた嘉子でしたが、そのポジションだけは嘉子にとって特別な意味を持っていたからかもしれないと、大野明子は述べています。

しかし、五月に入ると、問いかけへの反応がなくなっていき、以降、意識を回復することはありませんでした。五月二十八日、嘉子は安らかに、六十九歳の人生を終えました。

六月二十三日、青山葬儀所で嘉子の葬儀・告別式が行われました。

遺族の希望で、嘉子の東京地方裁判所時代からの後輩であった野田愛子が葬儀委員長を務め、会場には嘉子が好んで聞いたチャイコフスキーの音楽が流されました。当日配られた野田愛子と葬儀副委員長大野明子の連名による文章「三淵嘉子さんを悼む」には、少年審判と家庭裁判所の運営など嘉子の功績が触れられた上で、「後に続く女性法律家たちは、あなたの切り拓いた戻ることのない道を、あなたの憶い出を支えにして、歩きつづけるでしょう」と記されています。また、野田愛子による最後の挨拶は短いものでしたが、その中で嘉子の人生を「豊かなお人柄、真摯な生き方」

と簡潔に言い当てています。

最高裁判所長官をはじめとして多くの裁判所関係者、弁護士、省庁・大学関係者、友人たちが参列し、その数は二〇〇〇人以上という規模で、「女性法曹のパイオニア」として生きた嘉子の葬儀にふさわしいものでした。

むすびにかえて

嘉子は、自分自身にしっかりと力をつけ、人間として「自分らしく」生きるということを大切にしていました。言い換えれば、それは、自分の力で自分の人生の選択をして切り拓いていきたい、という強い意志でした。

「女性初」の弁護士となり、自ら行動を起こして裁判官となり、やがて「女性初」の判事・裁判所長へと歩んで行った嘉子の人生は、まだ根深く女性差別が残り続けていた戦後社会を生きる多くの女性たちに対して、誰であっても「自分らしく」生きるべきなのだ、という強く温かいメッセージになっていました。

ここで嘉子が考えた「自分らしく」生きることの中心には、もっぱら「仕事」がありました。嘉子は、自分自身の戦中・戦後の厳しく辛い経験から、「職業を持ち、経済的に独立していることが、本当の男女同等」だと考える気持ちが強かったからです。現在でもなお、非正規雇用の多さ、家事負担の偏りの影響など、女性の仕事をめぐっては男性との大きな格差が指摘されていますが、私たちは嘉子のような「パイオニア」の意志を受け継いで、誰もが「仕事」を「自分らしく」選んで働いていけるような社会の実現を目指し、助けあい考えあっていくべきでしょう。

もちろん、「自分らしく」生きるという価値観自体が多様化している現代においては、（例えば「推し活」を通して「自分らしく」生きている実感が得られる、というような）仕事以外の面でも、誰もが「自分らしく」生きられるよう、多様な声に耳を澄ます必要もあります。

嘉子が新しい道を切り拓いていったのは、「自分らしく」生きるためだけではありませんでした。そこにはもう一つ、法曹の多様性を高め、守るために、自身のような女性法曹が必要であるという意識もありました。

嘉子は「女性の裁判官が存在する意味は、事件は人間すなわち男と女がかかわっているものだからです。事件の判断には男性と女性の英知があってこそより妥当な結論が出るといえます。そういう意味で、女性裁判官がいることは、男女平等以上の意義があると思います」と述べています。

ここでの「男と女」については、現在ではもっと多様な性を認める意識に変えて理解するべきだと思いますが、社会を構成している多様な人々の、いろいろな意見や気持ちを裁判に適切に反映させるために、法律家もまた多様でなければいけないという嘉子の考えは、今を生きる私たちにとっても、極めて重要な提案であると言えるでしょう。

第3章

三淵嘉子をとりまく人々

1 武藤家・和田家・三淵家

武藤貞雄〔むとう・さだお〕／ノブ〔のぶ〕

1886〜1947／1892〜1947

貞雄は、香川県で宮武家の次男として生まれ、ノブと結婚する際に武藤家に養子に入りました。丸亀中学、第一高等学校を経て東京帝国大学法科大学へと進み、一九一三年に卒業して台湾銀行に入社、シンガポール支店の支店長、東京支店支配人などを歴任しました。一九二五年に退社し、その後は東洋モスリン、石原産業、昭和火工といった企業で幹部を務めました。

立命館大学の創立者である中川小十郎は、自身の訳書『子供等に与へたるルーズヴエルトの手紙』（立命館大学出版部、一九二六年）の序文において、ルーズヴェルトがその子どもたちに与えていた手紙をまとめた「文集」の存在を、親友である貞雄から教えられたことをきっかけにして、この訳書をまとめたということが記されています。貞雄の、開明的で国際的な教育方針が垣間見えるエピソードのように思います。

ノブは宇野家に生まれ、伯父の武藤直言夫妻の養女となりました。丸亀高等女学校を卒業して貞雄と結婚、嘉子が法律の道を志した頃は不安に思っていましたが、やがていちばんの理解者となりました。

和田芳夫［わだ・よしお］

?〜1946

武藤貞雄の丸亀中学時代の親友の従弟で、貞雄の関係する会社に勤めながら明治大学の夜学を卒業した努力家でした。武藤家で書生をしていて嘉子と出会い、一九四一年十一月に結婚します。一九四三年には長男の芳武が誕生、戦時中ではありましたが幸福なひとときを過ごしました。一九四五年に召集されて中国に渡り、帰国した後に長崎の陸軍病院で亡くなりました。

芳夫と死別した後に再婚した嘉子でしたが、その遺骨は丸亀にある和田芳夫の墓にも分骨され、そこには「和田嘉子」と記されているそうです。

三淵乾太郎［みぶち・けんたろう］ 1906〜1985

嘉子の再婚相手である乾太郎は、初代最高裁判所長官であった三淵忠彦の次男で、一九三〇年に高等試験司法科に合格、長く裁判官として活躍しました（内藤頼博と同期でした）。上品で冷静な紳士として知られ、また嘉子との夫婦仲の良さも多くの人が語るところです。一九五五年に死別した前妻とのあいだに長女那珂、次女奈都、三女麻都、長男力がいました。嘉子と再婚した一九五六年の段階では、最高裁判所調査官をしていました。一九六二年から甲府地方裁判所兼家庭裁判所所長、一九六四年からは東京高等裁判所判事、さらにその後浦和地方裁判所兼家庭裁判所所長を務めて、一九七一年に定年退官しました。

三淵忠彦［みぶち・ただひこ］

1880〜1950

岡山で生まれ（父は旧会津藩士）、父の転勤により、福島県の会津中学校、山形県の庄内中学校に通いました。第二高等学校を経て、東京帝国大学法科大学に入学しましたが、両親・弟の死などもあって学業を中断し、京都帝国大学法科大学に入り直しました。一九〇五年に卒業した後は、東京地方裁判所判事、大審院判事などを歴任しましたが、一九二五年に若くして退官し、三井信託株式会社の法律顧問となりました。

戦後に最高裁判所が設立されると、福島出身の司法大臣であった鈴木義男が三淵を推薦し、総理大臣の片山哲とも旧知であったことなどから、一九四七年に初代最高裁判所長官となりました。渋谷にあった自宅が空襲で焼けていたことから、その年の終わりに最高裁判所長官の公邸ができるまで、小田原の家（別荘、現在「三淵邸・甘柑荘《かんかんそう》」と呼ばれています）から通っていました。当時六十七歳と比較的高齢で、一九四八年十月に倒れて長期間当庁できなくなり、批判を浴びました。結局、最高裁判所の中で倒れるなど、病が回復しないまま定年退官することになり、一九五〇年に亡くなっています。

「人格を磨き、人品を高尚にしなければなりませぬ」と述べた言葉は、忠彦の裁判官としての姿勢を象徴的に表しています。二〇二三年、忠彦の手帳や受け取った書簡など大量の史料が小田原の「三淵邸・甘柑荘」から見つかり、これまで知られていなかった人事関連の貴重な情報や、政財界の要人とのやりとりも多く、注目が集まっています。

和田芳武［わだ・よしたけ］　1943〜？

和田芳夫と嘉子のあいだの子として生まれ、戦中・戦後の苦しい時代を嘉子とともに生き抜きました。嘉子が乾太郎と再婚した後も、和田姓のまま暮らしました。

東京大学伝染病研究所（一九六七年に改組して医科学研究所）寄生虫研究部に所属し、著名な寄生虫学者である佐々学のもとで、ダニや蚊の研究に従事していました。一九七四年から東京女子医科大学寄生虫学教室に移り、ツツガムシの研究などで多くの研究成果をあげました。

2 学生時代～弁護士時代

久米 愛〔くめ・あい〕

1911～1976

大阪に生まれ、ハーバード大学に留学した兄の影響で英語を学ぼうと津田英学塾に進み、その後明治大学専門部女子部、明治大学法学部で学んで、嘉子と同じ年に高等試験司法科に合格しました。合格した時には既に結婚しており（旧姓は保原）、戸畑日立製作所の社員である夫は従軍中でした。そのため、一九三八年十一月二日付の『東京日日新聞』の記事には、「女弁護士初めて誕生 喜びの三人 中に皇軍勇士の夫人も」と書かれています。

生涯を通じて弁護士として活動し、一九五〇年、日本婦人法律家協会設立の際に初代会長となり、一九七六年に亡くなるまで会長を務め続けました。なお、この亡くなる年に、日弁連から女性として初めて最高裁判事に推薦されていたのですが、愛の病状が思わしくなく、実現しなかったと言われています。

立石芳枝〔たていし・よしえ〕 1910〜1983

東京出身で、京都府立第一高等女学校、同志社女学校専門学部英文科で学んだ後、一九二九年に明治大学専門部女子部法科に入り、一九三二年に第一回生として卒業しました。さらに、明治大学法学部へ進み、一九三五年に優秀な成績で卒業、東京帝国大学大学院に進学しました（中華民国からの留学生であった韓桂琴が、「女性初」の東京帝国大学大学院進学者で、芳枝は二人目に当たります）。明治大学で法学を学んだ女性として、嘉子の大先輩と言っていいと思います。明治大学に入った背景として、父の立石種一が裁判官であり、穂積重遠と東京帝国大学の同期だったことがあるようです。一九三八年に明治大学専門部女子部に戻って教壇に立ち、一九四四年に教授昇任しました。戦後には明治大学・明治大学短期大学で教授を務め、明治大学短期大学の学長にも就任、一九六二年には「女性初」の法学博士となっています（博士論文のタイトルは「イギリスの無遺言者遺産の管理」です）。恩師我妻栄と共著で書いた教科書『親族法・相続法』（日本評論社、一九五二年）など、複数の著書を残し、また英米法との比較の方法を取り入れ、家族法に関する論文を多く著しました。

芳枝の明治大学専門部女子部の同期には、商法の研究者となった高窪静江がいます。二人は長く同僚としても働き、強い絆で結ばれていました。例えば、芳枝に恋愛感情を抱き、「男一匹助けると思つて…」と言い寄ってきた男子学生に対し、芳枝が「そんな一匹なんかどうなつても…」と言ったというエピソードなどを、高窪は面白く書き残しています。明治大学女子部で机を並べて以来の、ともに学ぶ仲間の存在が、新しい道を切り拓く原動力となっていました（それはきっと、嘉子も同様であったことでしょう。中田正子や久米愛との友情は生涯続きました）。

中田正子［なかた・まさこ］

1910〜2002

東京市小石川区生まれで、東京府立第二高等女学校で学んだ後、『武士道』などで著名な思想家・教育者の新渡戸稲造が校長を務めた女子経済専門学校へと進み、そこで受けた我妻栄の講義に感銘を受けて、法律を学ぶことにしました。日本大学法学部選科生を経て、明治大学専門部女子部三年次に編入しました。一九三五年に卒業して明治大学法学部へと進み、一九三七年に高等試験司法科を受けて筆記試験のみに合格、翌年口答試験にもう一度チャレンジして、嘉子・久米愛と一緒に合格しました。一九三八年十一月二日付の『朝日新聞』に掲載されたインタビューの中で、正子は「日本の法律は女性のためには非常に不利に出来てゐます。このためにも女は女の味方になつて弱い世の『母』と『妻』を護つてやらなければならないと思ひます」と語っています。

弁護士試補修習中の一九三九年に中田吉雄と結婚、一九四〇年から第一東京弁護士会に所属して弁護士として働きますが、吉雄の病気をきっかけに、戦時中に吉雄の郷里である鳥取県へと移り、その後長きにわたって鳥取市で弁護士として活動しました（吉雄は戦後、参議院議員となっており、一九五九年の参議院議員選挙での疑問票をめぐる当選無効訴訟では、正子も法廷に立っています）。

一九六九年には鳥取県弁護士会会長となり、さらに日本弁護士連合会理事にも選ばれますが、ともに「女性初」でした。一九八六年には、男女雇用機会均等法の施行を受けて、七十六歳で鳥取県機会均等調整委員に就任するなど、女性の人権擁護に邁進しました。

穂積重遠［ほづみ・しげとお］

1883〜1951

日本近代を代表する法学者・立法家である穂積陳重の長男として生まれ

（母は渋沢栄一の娘である歌子）、東京高等師範学校附属小学校・中学校、第一高等学校と進んで、東京帝国大学法科大学で学びました。一九〇八年に卒業すると、小学校時代から親しかった鳩山秀夫とともに東京帝国大学の講師に採用され、ドイツ、フランス、イギリス、アメリカへの留学を経て、家族法を中心的な研究テーマとしていくようになります（重遠の業績を讃えて、重遠のことを「日本家族法の父」という人もいます）。帰国後に教授となり、三度にもわたって法学部長も務めました。

女性教育や女性の社会進出に対しても熱心で、嘉子が影響を受けた弁護士法の改正にも大きな影響力を発揮し、また明治大学専門部女子部の設立にも深く関わりました。戦後は、東宮大夫兼東宮侍従長に就任して皇太子の相談役となり、一九四九年からは最高裁判所判事を務めました。

松本重敏［まつもと・しげとし］

1870〜1942

弁護士として活躍し、明治大学法学部の教授を務めました。一九二二年、明治大学が初めて法学博士を授与した人物として知られています（博士論文は『忠君論』です）。明治大学専門部女子部の開校に女子部長として尽力し、日本の女性法曹史にその名を残しました。博士論文のタイトルからもわかる通り、穂積八束から強く影響を受けた国体論者で、美濃部達吉の天皇機関説を批判するという側面もありました。

立石芳枝と同期で明治大学短期大学部の教授となった高窪静江は、学生の頃に受けた松本の講義について「不可解な法理学と憲法には頭を悩まされた」としながらも、松本が逗子の自宅に学生たちを招いたことや、亡くなる少し前に高窪がお見舞いに行った際には、松本が涙を流して喜んだことなどに触れて、「情の松本部長」と書いています。

横田秀雄〔よこた・ひでお〕

1862〜1938

信濃国の松代藩士の家に生まれ、司法省法学校で学んだ後、一八八八年に帝国大学法科大学を卒業して判事となりました。一九二三年に大審院長となり、有名な「一厘事件」、「タヌキ・ムジナ事件」などに関わりました。民法学者でもあり、一九二四年から明治大学学長、一九三二年からは総長となって、日本の法曹と法学教育とに大きな足跡を残しました。長男の横田正俊も、最高裁判所長官を務めた人物として有名です。

坂野千里〔さかの・ちさと〕

1893〜1980

福井県坂井郡金津町（現在のあわら市）出身。東京帝国大学法科大学を卒業して、一九一九年に判事となり、一九三六年には大審院検事、一九三七年には広島地方裁判所長、一九三九年に司法省民事局長、一九四三年に宮城控訴院長と歴任しました。嘉子と出会った頃は東京控訴院の院長のポジションにありました。

石田和外〔いしだ・かずと〕

1903～1979

福井県の出身で、中学の途中から東京で学び、錦城中学校、第一高等学校、東京帝国大学法学部と進みました。一九二七年に裁判官となり主に刑事事件を担当して、一九三四年に発生した疑獄事件である「帝人事件」などに、裁判官として関わっています。

戦後は司法省で大臣官房人事課長となり（嘉子から裁判官採用願の提出を受けるのはこの頃のことです）、最高裁判所人事局長なども務めました。さらにその後は、東京地方裁判所所長、最高裁判所事務総長、東京高等裁判所長官を歴任して、一九六三年には最高裁判所判事、一九六九年には横田正俊の後任として六五歳で最高裁判所長官となり、一九七三年の定年退官まで務めました（退官直前に、最高裁判所大法廷の裁判長として、有名な尊属殺重罰規定違憲判決を下しています）。

裁判所の中での信頼は厚かったとされる石田ですが、保守的な思想の持ち主で、青年法律家協会所属の裁判官を好まず、そのような姿勢は「ブルー・パージ」と呼ばれて批判を受けることもありました。

3 裁判官時代

石渡満子［いしわた・みつこ］

1905〜1974

神奈川県横須賀市櫻山（現在は逗子市）に生まれ（農学博士で養蚕業を指導する官吏であった父の赴任先の京都で生まれたという説もあります）、一九二六年に東京女子高等師範学校を卒業して結婚しましたが、離婚をきっかけに「一生独身で立ちたい」と決意し、また田中正子・久米愛・武藤嘉子の高等試験司法科合格から刺激を受けて、明治大学専門部女子部法科に入りました。戦争の影響を受けながら明治大学法学部で学んで一九四四年に卒業、一九四七年に高等試験司法科に合格しました（終戦後に初めて行われた高等試験でした）。新しい制度（裁判官・検察官・弁護士の実務を修習する）となった司法修習を経て、一九四九年、「女性初」の判事補となって東京地方裁判所に配属されます。この時四十四歳になっており、晩学でしたが、そのことが多くの女性に勇気や自信を与えました。一九六一年に判事となり、東京、横浜、静岡の地方裁判所を回り、一九七〇年に横浜地方裁判所横須賀支部の判事として定年退官を迎えるまで、堅実な判決を下す裁判官として活動しました。

宇田川潤四郎〔うだがわ・じゅんしろう〕 1907〜1970

東京で生まれ育ち、一九二九年に早稲田大学を卒業して、高等試験司法科に合格し、裁判官となりました。一九三八年、満州に渡って新京地方法院の審判官（裁判官）を務め、さらに中央司法職員訓練所教官にもなっています。帰国後、一九四六年に大阪地方裁判所の判事として復職し、さらに同年に京都少年審判所の所長に就任します。ここで、ボランティアの青年たちに非行防止の指導をしてもらう「ＢＢＳ運動」（Big Brothers and Sisters

Movement）を、立命館大学や京都女子専門学校の学生たちの協力を得て、日本で最初に始めたといわれてます。一九四九年に東京家庭裁判所ができると、最高裁判所家庭局長となり、家庭裁判所の発展に努めていきました。嘉子との出会いも、この頃のことです。一九六九年、東京家庭裁判所の所長となり、嘉子と再び一緒に働くことになり、当時進んでいた少年法の改正に反対するなど、最後まで、家庭裁判所の理念を守るために尽力しました。

大脇雅子〔おおわき・まさこ〕

1934〜

岐阜県岐阜市の出身で、高校時代は文学や演劇に夢中でした。名古屋大学法学部に進学し、演劇や社会科学研究会の活動にも参加しますが、やがて司法試験の合格を目指して勉強を始めます。この学生時代に、名古屋に赴任していた嘉子と接点がありました。一九五七年に大学を卒業し、一九六〇年まで名古屋大学法学部で助手を務めました。一九六二年に名古屋で弁護士となり、市民に寄り添った弁護士として、労働問題、家庭問題、公害問題などに熱心に取り組みました。一九九二年、参議院議員選挙区に日本社会党（後の社会民主党）から立候補して当選、二期十二年間を務め、その間に男女雇用機会均等法や、環境問題に関わる法律の立法・改正に関わり、また社会民主党の政策審議会長、国際委員長なども務めました。二〇二三年にも単著『武力によらない平和を生きる―非暴力抵抗と平和的生存権―』（旬報社）を刊行するなど、現役の弁護士として活動しています。

門上千恵子〔かどがみ・ちえこ〕

1914〜2007

愛媛県に生まれ、松山高等女学校、広島県立女子専門学校で学び、九州帝国大学に進みました。一九三九年に法文学部法律学科を卒業、九州帝国大学の助手をしながら勉強し、一九四三年に高等試験司法科に合格、一九四四年に結婚しました。この間、末広厳太郎が理事長をしていた軍事援護学会の幹事を務めたり、穂積重遠の開いた東京家庭学園で教えたりもしています。戦後の一九四九年に東京地方検察庁に配属されて、「女性初」の検事となりました。

その後、千葉地方検察庁、東京地方検察庁八王子支部などで検事として勤務していましたが、一九六四年に千恵子の高校生の次男が、同じく高校生の長男によって殺害される事件が起こり、千恵子は検事を辞職して弁護士となりました。高齢になるまで弁護士として活動を続け、社会の注目を集めるような刑事事件の弁護人をしばしば引き受けていました。夫の門上秀叡は東京経済大学の教授を長く務めた哲学者ですが、考古学・陶磁史の業績もあり、収集した厨子と沖縄陶磁器関係のコレクションは、現在那覇市立壺屋焼物博物館が所蔵しています。

鍛治千鶴子〔かじ・ちづこ〕

1923〜2018

熊本県出身で、一九三六年に熊本第二高等女学校に入り、一九四二年に明治大学専門部女子部の門を叩きました。そのきっかけは、嘉子・中田正子・久米愛の高等試験司法科合格の新聞記事を読んだことだと、後に語っています。戦争での疎開生活を経て、一九四七年に明治大学法学部に入りました。その入試問題として、日本国憲法の三つの基本原理に関する論文と、英文で書かれた憲法前文の和訳が出題され、「戦後の門出」の喜びを感じたと後にふり返っています。一九四八年に高等試験司法科に合格、司法修習や同級生の鍛治良堅（かじよしかた、後の明治大学法学部教授）との結婚を経て、一九五一年に東京弁護士会に弁護士登録しました。弁護修習では、久米愛の弁護士事務所を選んでいます。

『読売新聞』に掲載されていた「人生案内」のコーナーの回答者として著

名です。一九七〇年代以降、法制審議会少年法部会委員、民事行政審議会委員、労働省男女平等問題専門家会議委員、国民生活センター会長などを歴任し、一九七六年には日本弁護士連合会に設置された女性の権利委員会の初代委員長となるなど、女性法曹全体に影響を与える、大きな存在でした。

裾分一立〔すそわけ・かずたつ〕——1922〜1978

東京大学法学部出身で、一九五一年より岡山家庭裁判所・地方裁判所で判事補となり、一九六一年から一九六五年まで最高裁判所家庭局の第三課長・第一課長を務めるなど、家庭裁判所に深く関わる裁判官生活を送りました。一九七二年から一九七七年までは、最高裁判所家庭局局長となっています。この家庭局長の時代に、少年法改正に関わって嘉子と仕事をしました。糟谷忠男裁判官が一九八四年の『判例タイムズ』に書いた「家庭裁

判所覚書　三淵嘉子さんを偲んで」には、「三淵さんと労苦を共にされた方の中で特に忘れ難いのは、三淵さんと名コンビを組み、少年法改正作業の最終的な調整に当られた元家庭局長裾分一立さんである。三淵さんと裾分さんとは、その豊かな人間性とストイックな生活感情、家庭裁判所を想う心情等を共有されていたためであろうか、互に尊敬しつつ、信じ合って危機に立った家庭裁判所の土台を支えられた」と記されています。

関根小郷［せきね・こさと］

1905〜1993

栃木県足尾町の生まれで、東京帝国大学法学部を卒業し、東京地方裁判所などで判事を務めたあと、満洲国最高法院審判官となり、敗戦後に帰国して東京地方裁判所の判事となりました。その後、最高裁判所民事局長、前橋地方裁判所・家庭裁判所所長、東京高等裁判所判事、横浜地方裁判所所長などを歴任し、一九六三年より最高裁判所事務総長を務めました。

さらに、大阪高等裁判所長官を経て、一九六九年に、最高裁判所判事となりました（横田正俊の後任ですが、長官には既に最高裁判所判事であった石田和外が任命されました）。最高裁判所判事の時代には、現在の上告受理申立制度（民事訴訟法）に繋がるような提案をするなど先駆的で、大阪高等裁判所長官時代には、職員が開催していた英会話の勉強会に出席するなど積極的で人当たりがよく、一方で形式的なことを嫌い、年始の職員同士の挨拶回りなども無駄だとして行わなかったエピソードが残されています。

内藤頼博［ないとう・よりひろ］

1908〜2000

旧信州高遠藩主の家に生まれ、東京の新宿で育ち、東京帝国大学法学部に進んで一九三一年に卒業しました。裁判官となり（三淵乾太郎と同期）、一九四〇年にアメリカに渡航して家庭裁判所を視察しました。戦後は司法省民事局第三課長・最高裁判所秘書課長・最高裁判所総務局長として、大きく変わっていく司法の制度作りに関わりました。さらに、一九五七年に家庭裁判所調査官研修所の初代所長となり、一九六三年から一九六九年まで東京家庭裁判所所長を務めました（ここで嘉子と再び一緒に働いています）。その後も広島高等裁判所・名古屋高等裁判所長官などを歴任しました。

一九七三年の退官後は、弁護士となって活動しました。多摩美術大学における内紛を解決して、一九七五年から理事長、一九七九年から学長となり、長く務めました。その後、一九八九年から一九九三年までは、学習院の院長にもなっています。

野田愛子［のだ・あいこ］

1924〜2010

東京府豊多摩郡淀橋町（現在の新宿区）で生まれ、一九四二年に明治大学女子部に入りました。戦時中の繰り上げ卒業と疎開とを経て、戦後に明治大学に入り、一九四七年に明治大学法学部を卒業し、高等試験司法科にも合格しました。一九五〇年に東京家庭裁判所・地方裁判所で判事補となって、明治大学女子部の恩師でもある嘉子と深く交流しました。一九五〇年に作られた日本婦人法律家協会では、書記になっています。愛子は家庭裁判所の家事部を中心に活躍し、東京家庭裁判所で嘉子とともに働いています。一九七四年に東京高等裁判所判事、一九七五年には札幌家庭裁判所所長となり、さらに前橋、静岡、千葉、東京の各家庭裁判所で所長を務めた後、一九八七年に札幌高等裁判所長官に就任、「女性初」の高等裁判所長官となりました。退官後は弁護士登録し、東京都人事委員会委員、東京都社会福祉協議会顧問などを務めました。

一九七五年、東京高裁判事として男女別定年制と向き合った「伊豆シャボテン公園事件」など、多くの重要な事件に判決を下しています。嘉子の後を追いかけ続けた女性法曹のリーダーでした。

渡辺美恵［わたなべ・みえ］

1917〜？

大分県大分郡谷村（現在の由布市）の出身で、一九三五年に明治大学女子部に入学、一九三八年に優秀な成績で卒業して明治大学法学部と進み、一九四一年に卒業しました。「女性初」の高等試験行政科合格者となり、厚生労働省の判任官となります（判任官は戦前の官吏区分で、天皇が関与せず行政官庁が任命できる官職です）。しかし、女性はそれ以上の官職（奏任官以上の高等官）に就ける可能性が低いと知って、退官してしまいました。

一時期は大分に帰っていましたが、再び上京して一九四六年に文部省学校教育局に採用され、さらに一九四八年には労働省婦人少年局（女性・少年の労働実態などを調査し政策立案する部局）に移り、初代局長であった山川菊栄のもとで、女性の労働問題と向き合い、その地位向上のために力を尽くしました。また、明治大学短期大学部の教壇にも立ちます。

その後、法務府人権擁護局勤務、大分大学学芸学部助教授などを経て、一九五八年には日本社会党から衆議院議員選挙に立候補しています。その後も、山川とともに婦人問題懇話会を立ち上げ合成化学産業労働組合連合会に勤務するなど、女性の労働と人権の問題とに向き合い続けました。

渡辺道子［わたなべ・みちこ］

1915〜2010

戦後では最初の女性弁護士です。東京都出身で、一九三二年に女子学院を卒業、若い頃から法律を学びたいという希望がありましたが、周囲の反対もあり、またクリスチャンであったため、東京女子大学に進学した後、名古屋のＹＷＣＡに就職しました。

その後、東京に戻り、明治大学法学部の聴講生を経て、一九四〇年には早稲田大学法学部に入学します。一九四七年に弁護士登録、一九五〇年に嘉子とともにアメリカ視察に赴いています。日本女性法律家協会会長、婦人少年問題審議会会長、日本キリスト教女子青年会（日本ＹＷＣＡ）理事長などを歴任し、生涯を通じて女性の権利の実現に力を注ぎました。一九九三年から二〇〇〇年までは、母校女子学院の理事長になっています。

三淵嘉子 略年譜

西暦	和暦	年齢	
1914	大正3		11月13日、武藤貞雄・ノブの第一子としてシンガポールで生まれる。
1920	大正9	6	貞雄、帰国。一家で東京に住む。早蕨幼稚園入園。
1921	大正10	7	青山師範学校附属小学校入学。
1927	昭和2	13	東京女子高等師範学校附属高等女学校入学。
1932	昭和7	18	明治大学専門部女子部法科入学。弁護士法改正（施行は1936年）。
1935	昭和10	21	明治大学専門部女子部法科卒業。明治大学法学部編入。
1938	昭和13	24	大学卒業、法学部総代。高等試験司法科合格、「女性初」の合格者に。
1940	昭和15	26	明大専門部女子部法科助手に（1944年に助教授）。弁護士登録、第二東京弁護士会所属。
1941	昭和16	27	和田芳夫と結婚。
1943	昭和18	29	長男・芳武誕生。
1945	昭和20	31	福島県坂下町に疎開。
1946	昭和21	32	芳夫、長崎の陸軍病院で死去。明治女子専門学校教授となる。

西暦	和暦	年齢	事項
1947	昭和22	33	母・ノブ死去。司法省民事部に嘱託として採用される。父・貞雄死去。
1948	昭和23	34	最高裁判所事務局民事部勤務となる。
1949	昭和24	35	家庭局に異動。東京地方裁判所の判事補に任用。
1950	昭和25	36	アメリカ視察。日本婦人法律家協会発足、副会長になる。
1952	昭和27	38	名古屋地方裁判所に異動、「女性初」の判事に。
1956	昭和31	42	東京地方裁判所に異動。三淵乾太郎と結婚。
1962	昭和37	48	東京家庭裁判所判事となる。
1970	昭和45	56	法制審議会少年法部会委員。
1972	昭和47	58	新潟家庭裁判所所長となる。「女性初」の裁判所長。
1973	昭和48	59	浦和家庭裁判所所長となる。
1978	昭和53	64	横浜家庭裁判所所長となる。
1979	昭和54	65	日本婦人法律家協会会長となる。定年退官。
1980	昭和55	66	東京家庭裁判所調停委員。第二東京弁護士会に弁護士登録。
1984	昭和59		5月28日、死去。享年69。

あとがき

二〇一三年の夏から秋にかけて、私はイェール大学東アジア研究所で、在外研究をしていました。当時、在外研究者・留学者用のアパートメントに私は住んでいたのですが、ある日のこと、大家さんが部屋にやってきて、「あなたの隣の部屋に、今日からロンドン大学の教授の家族が住むことになったよ」と教えてくれたのです。「ほらあそこに」と大家さんが指差した窓の先には、アパートメントの中庭で遊ぶ小さな女の子と、ご両親の姿がありました。

私は、秋の気配のする中庭に出て行って、お父さんの方に挨拶しました。「初めまして、ロンドン大学から来たそうですね、カレッジはどこですか？　ご専門は？」

それに対して、彼は笑ってこう答えたのです。「ロンドン大学の教授は妻の方です。私は娘の面倒を見るためについてきたんです」。隣では、お母さんが女の子の頭を撫でながら、おそらく驚いた顔をしていたであろう私のことを、穏やかに見つめていました。

「世界的に有名な大学の教授」と言えば、つい男性をイメージしてしまう。そういう偏見・決めつけが私自身の中にあったことを思い知らされた、後悔と恥ずかしさの残る大きなできごとでした。あれから十年の時間が経って、今回三淵嘉子の人生を追いかけながら、嘉子の戦い続けたものはまさしく、私のような「本人も気づかないうちに、悪意もないつもりで、差別的なことを言ったり決めつけをしたりしている」ような存在ではないかと、何度も胸が痛みました。

本書は、日本能率協会マネジメントセンターの編集者である東寿浩さんからお声をかけていただき、多くの助言と励ましをいただいて執筆しました。また、東京理科大学教養教育研究院の尊敬する同僚である、張替涼子先生と西倉実季先生、大切な研究仲間である兒玉圭司先生（舞鶴工業高等専門学校）と岡崎まゆみ先生（立正大学）からも、多くのコメントとアドバイスをいただきました。名古屋市市政資料館、明治大学史資料センターにも、たいへんお世話になりました。心から感謝の意を表します。

そして、本書の執筆にあたり、三淵乾太郎・嘉子夫妻のご親戚にあたる本橋由紀さん、團藤美奈さん・丈士さん、大庭敏雄さんには、何度もお目にかかってたくさんのお話をお聞かせいただき、貴重なお写真をご提供いただきました。心よりお礼申し上げます。

二〇二四年二月六日

神野　潔

〈参考文献〉

三淵嘉子自身が執筆したもの、また三淵嘉子がインタビューに答えたり対談したりしているもの（年代順）

和田嘉子「これだけは知っておきたい　家庭法律と手つづき（一）――結婚と離婚について――」（『主婦と生活』三―四、一九四八年）

和田嘉子「愛の裁判所」（『法律のひろば』二―四、一九四九年）

大濱英子・川島武宜・佐伯俊三・末弘厳太郎・穂積重遠・和田嘉子「座談会　家事審判と新民法」（『法律時報』二一―三、一九四九年）

「愛児と新しい年を　和田嘉子さん」（『法律のひろば』三―一、一九五〇年）

和田嘉子「アメリカの家庭裁判所について」（最高裁判所事務総局家庭局『昭和二十五年九月開催　全国家事審判官会同協議録』、一九五一年）

森田宗一・大濱英子・和田嘉子「座談会　家庭生活とモラル」（『世紀』一九五一年

八・九月号、一九五一年）
三淵嘉子「共かせぎの人生設計」（『婦人と年少者』七―九、一九五九年）
有泉亨・三淵嘉子・渡辺道子執筆者代表『暮らしの中の法律』（読売新聞社、一九六二年）
三淵嘉子「くらしの中の法律講座　少年法と非行少年」（『月刊婦人展望』一九六四年一二月号、一九六四年）
内藤頼博・河野力・三淵嘉子・森田宗一・沼辺愛一・柏木賢吉・日野原昌・柳沢えい・中原尚一「座談会　家事事件と少年事件の有機的運用」（『ケース研究』一〇〇、一九六七年）
三淵嘉子「無垢の心」（『青少年問題』一九―一一、一九七二年）
三淵嘉子「家事と少年の壁」（『ケース研究』一三九、一九七三年）
裾分一立・三淵嘉子「対談　家庭裁判所二五年のあゆみ」（『司法の窓』一〇月一日（三）、一九七三年）
市川四郎・島津一郎・橘勝治・内藤頼博・原田一英・人見康子・三淵嘉子「座

談会　新民法三〇年―定着とその現実―」（『法の支配』三六、一九七八年）
三淵嘉子「少年審判における裁判官の役割」（『別冊判例タイムズ』六、一九七九年）
『追想のひと三淵嘉子』所収
三淵嘉子・松尾浩也・糟谷忠男・守屋克彦・長島孝太郎・梶村太市・尾久孝夫「座談会　少年審判を語る―三淵嘉子判事を囲んで―」（『判例タイムズ』三〇一二七、一九七九年）
三淵嘉子「次の世代の少年審判」（『ケース研究』一六九、一九七九年）
三淵嘉子「そよ風ファンタジー」（『横浜家裁広報』二六、一九七九年）『追想のひと三淵嘉子』所収
三淵嘉子「婦人の解放と明大女子部の果した役割」（『明治大学広報』一〇六、一九八〇年）
「三淵嘉子氏に聞く―女性裁判官第一号―」（『法学セミナー』一九八〇年五月号、一九八〇年）
三淵嘉子「女性の職業意識」（『婦人と年少者』季刊五七（通巻二一〇）、一九八一年）

三淵嘉子「民法改正余話」（『ケース研究』一八五、一九八一年）
野村二郎『法曹あの頃 下』（日本評論社、一九八一年）
三淵嘉子「私の歩んだ裁判官の道―女性法曹の先達として―」（三淵嘉子執筆者代表『女性法律家―拡大する新時代の活動分野―』有斐閣、一九八三年）『追想のひと三淵嘉子』所収
三淵嘉子「二十一世紀への私の遺言状」（『世論時報』昭和五八年六月号、一九八三年）『追想のひと三淵嘉子』所収

史料と参考文献（『追想のひと三淵嘉子』以外は、五十音順を基本としたが、一部例外がある）

三淵嘉子さん追想文集刊行会編『追想のひと三淵嘉子』（三淵嘉子さん追想文集刊行会、一九八五年）
アンケート「婦人法曹に聞く」（『自由と正義』五―二、一九五四年）

五十嵐佳子「女性弁護士物語 第三回」(『法学セミナー』一九九九年六月号、一九九九年)
石渡満子「私はこうして裁判官になった─未開の地歩を拓いた民主日本のホープ─」(『主婦と生活』四─八、一九四九年)
石渡満子「黒のガウンを脱いで」(『人事院月報』二三─五、一九七〇年)
井関崇「少年審判手続における民間協力─東京少年友の会の活動─」(『罪と罰』三一─三、一九九四年)
宇田川潤四郎『家裁の窓から』(法律文化社、一九六九年)
江刺昭子・史の会編『時代を拓いた女たち─かながわの一三一人─』(神奈川新聞社、二〇〇五年)
大室亮一「アメリカの自由人権擁護運動を視察して」(『自由と正義』一─十、一九五〇年)
岡山禮子・吉田恵子・平川景子・武田政明・細野はるみ・長沼秀明『近代日本の専門職とジェンダー─医師・弁護士・看護職への女性の参入─』(風間書房、二〇一九年)

鍛治千鶴子「わたしの修習時代」（『ＬＩＢＲＡ』八―一、二〇〇八年）
加藤純子・李相琴・若林一美・鳥海哲子編『二〇世紀のすてきな女性たち〈七〉自由と人権をもとめて―アウン・サン・スーチー、金活蘭、シシリー・ソンダース、市川房枝―』（岩崎書店、二〇〇〇年）
「婦人検事 門上千恵子さん」（『女性教養』二四二、一九五九年）
清永聡『家庭裁判所物語』（日本評論社、二〇一八年）
清永聡『三淵嘉子と家庭裁判所』（日本評論社、二〇二三年）
倉田卓次『裁判官の戦後史』（筑摩書房、一九八七年）
黒田忠史「法曹教育・法職就任男女同権化の比較法史（一）―二〇世紀前半の独・日・米における法制改革を中心に―」（『甲南法学』四六―四、二〇〇六年）
黒田忠史「法曹教育・法職就任男女同権化の比較法史（二）―二〇世紀前半の独・日・米における法制度改革を中心に―」（『甲南法学』四七―二、二〇〇六年）
佐賀千恵美『三淵嘉子・中田正子・久米愛―日本初の女性法律家たち―』（日本評論社、二〇二三年）（『華やぐ女たち　女性法曹のあけぼの』復刻版）

七戸克彦「現行民法典を創った人びと（三〇・完）書記・起草委員補助一・二・三—仁保亀松・仁井田益太郎・松波仁一郎、外伝二五：法典調査会のその後—」（『法学セミナー』五六—一一、二〇一一年）
神野潔「女性法曹の誕生と三淵嘉子」（『人権のひろば』二四—三、二〇二一年）
高野耕一・内藤頼博「内藤頼博先生に聞く」（『法の支配』九六、一九九四年）
高野耕一『裁判官の遍歴—遠い雪—』（関東図書、二〇〇〇年）
竹井書房編輯部 編『学生時代の追想』（竹井書房、一九四七年）
立石芳枝「高窪さんと私」（『明治大学短期大学紀要』十六、一九七二年）
東京女子医科大学百年史編纂委員会編『東京女子医科大学百年史 資料編』（東京女子医科大学、二〇〇〇年）
『創立五十年』（東京女子高等師範学校附属高等女学校、一九三二年）
所澤潤「東京大学における昭和二十年（一九四五年）以前の女子入学に関する史料」（『東京大学史紀要』九、一九九一年）
長沼秀明「三淵嘉子が語る家庭裁判所の理念—福祉の場としての裁判所—」

（『大学史紀要』二九、二〇二三年）
中村久瑠美『女性と戦後司法―裁判官、女性がおわかりですか？―』（論創社、二〇二一年）
西川辰美絵・文「漫画訪問　奥様お手並拝見（法律家の巻）」（『婦人生活』六―十一、一九五二年）
日本女性法律家協会『日本女性法律家協会七〇周年のあゆみ～誕生から現在、そして未来へ～』（司法協会、二〇二〇年）
日本婦人法律家協会『婦人法律家協会会報』一～二四号（日本婦人法律家協会、一九五八年～一九八六年）
日本弁護士連合会両性の平等に関する委員会編『女性弁護士の歩み 三人から三〇〇〇人へ』（明石書店、二〇〇七年）
野村二郎『最高裁全裁判官―人と判決―』（三省堂、一九八六年）
野村二郎『権力者の人物昭和史⑤ 最高裁長官の戦後史』（ビジネス社、一九八五年）
野村二郎『日評選書　法曹あの頃（下）』（日本評論社、一九八一年）

古俣達郎「文官高等試験行政科を突破した女子部卒業生　渡辺美恵―女性の労働問題・人権問題をライフワークに―」（https://www.meiji.ac.jp/history/meidai_sanmyaku/thema/article/mkmht000000bxm8r.html、二〇二三年）
法務府法制意見第四局資料課 編『米国における人権擁護運動の実状―そのわが国への示唆（法務研究報告書』第三九集第六）―』（法務府法制意見第四局資料課、一九五一年）
松尾浩也「少年非行と少年法―戦後六〇年の推移―」（『日本学士院紀要』第六二巻第一号、二〇〇七年）
松尾浩也『来し方の記―刑事訴訟法との五〇年―』（有斐閣、二〇〇八年）
三淵忠彦・日本成人教育協会『日常生活と民法』（開発社、一九二六年）
三淵忠彦著、関根小郷・和田嘉子補修『日常生活と民法』（法曹会、一九五〇年）
三淵忠彦著、若林高子・本橋由紀編『世間と人間［復刻版］』（鉄筆、二〇二三年）
村上一博「明治大学法学部の歩み―歴代法学部長一覧―」（『法律論叢』九四―四・五合併号、二〇二二年）

村上一博「三淵嘉子小伝」(『法史学研究会会報』二六、二〇二二年)
村上一博「相続放棄に関する三淵嘉子論文(法曹編)」
(https://www.meiji.ac.jp/history/meidai_sanmyaku/thema/article/mkmht000000avkg2.html、
二〇二三年)
明治大学学報発行所編『明治大学五十年史』(明治大学学報発行所、昭和六年)
明治大学史資料センター編『白雲なびく　遥かなる明大山脈 ④法曹編Ⅱ』
(ＤＴＰ出版、二〇二三年)
川上やまと編『明治大学短期大学五十年史』(明治大学短期大学、一九七九年)
明治大学短期大学史編集委員会編『明治大学専門部女子部・短期大学と女子
高等教育—一九二九—二〇〇六—』(ドメス出版、二〇〇七年)
『第三八回明治大学中央図書館企画展示　中田正子展—明治大学が生んだ日本
初の女性弁護士—』(明治大学図書館、二〇一〇年)
森川金壽「アメリカ通信」(『自由と正義』一—九、一九五〇年)
山本美穂子「一九一八—一九四五年における帝国大学大学院への女性の進学

状況（二）―法学専攻の進学者に着目して―」（『北海道大学大学文書館年報』十四、二〇一九年）
山本祐司・五十嵐佳子著『女性弁護士物語―一七人のしなやかな生き方―』（日本評論社、二〇〇二年）
湯川次義『近代日本の女性と大学教育―教育機会開放をめぐる歴史―』（不二出版、二〇〇三年）
読売新聞解説部編『ドキュメント　時代を拓いた女性たち〈第二集〉』（中央公論新社、二〇〇二年）
渡辺道子「三淵嘉子さんを偲んで」（『月刊婦人展望』一九八四年九月号、一九八四年）
渡辺道子「米国における人権擁護運動の実状―そのわが国への示唆―」（法務府法制意見第四局『法務研究』報告書第三九集六、一九五一年）
渡辺道子「婦人法曹の誕生とその歩み」（『法律新聞』二〇一〇年九月三日号）

【著者紹介】
神野　潔（じんの・きよし）
1976年生まれ。2005年、慶應義塾大学大学院法学研究科公法学専攻後期博士課程単位取得退学。東京理科大学理学部第一部准教授、教授等を経て、現在、東京理科大学教養教育研究院教授。専門は日本法制史。主著に『教養としての憲法入門』（編著）、『法学概説』『概説日本法制史』（共編著）（弘文堂）などがある。

三淵嘉子
先駆者であり続けた女性法曹の物語

2024年3月5日　初版第1刷発行

著　者——神野　潔

発行者——張　士洛
発行所——日本能率協会マネジメントセンター
〒103-6009 東京都中央区日本橋2-7-1 東京日本橋タワー
TEL 03(6362)4339(編集)／03(6362)4558(販売)
FAX 03(3272)8127(編集・販売)
https://www.jmam.co.jp/

装丁・本文デザイン——藤塚尚子（etokumi）
イラスト——竹田明日香
本文DTP——株式会社RUHIA
印刷・製本———三松堂株式会社

ISBN 978-4-8005-9178-4　C0021
落丁・乱丁はおとりかえします。
PRINTED IN JAPAN